会演讲的人，前程一定不会差

曹浩峰 著

中国华侨出版社
·北京·

图书在版编目（CIP）数据

会演讲的人，前程一定不会差 / 曹浩峰著. —北京：中国华侨出版社，2020.10

ISBN 978-7-5113-8323-5

Ⅰ. ①会… Ⅱ. ①曹… Ⅲ. ①演讲—语言艺术—通俗读物 Ⅳ. ①H019-49

中国版本图书馆CIP数据核字（2020）183229号

●会演讲的人，前程一定不会差

著　　者/曹浩峰
责任编辑/王　委
封面设计/朱晓艳
经　　销/新华书店
开　　本/710毫米×1000毫米　1/16　印张/15　字数/180千字
印　　刷/北京溢漾印刷有限公司
版　　次/2020年11月第1版　2020年11月第1次印刷
书　　号/ISBN 978-7-5113-8323-5
定　　价/46.80元

中国华侨出版社　北京市朝阳区西坝河东里77号楼底商5号　邮编：100028
法律顾问：陈鹰律师事务所
编辑部：（010）64443056　64443979
发行部：（010）64443051　传真：64439708
网　址：www.oveaschin.com
E-mail：oveaschin@sina.com

前言

话，谁都会说，但是——

为什么有人屡屡进言领导视而不见；为什么有人一番陈词领导就大加重视？

为什么有人带领团队，下属甘心服从、死心卖命；有人扯破嗓子，下属还是那个样子？

为什么有人想做事时，简单几句就能赢得众人追捧，上下一心众志成城；有人苦口婆心，说得口干舌燥，支持者却寥寥无几？

……

事实上，在这众多“为什么”的背后，只有一个答案——“你不会演讲”！

你可能才华横溢，但如果你口才不行，你就无法获得与才能相匹配的成绩。

如果乔布斯不会演讲，你也许还不知道苹果手机；

如果马云不会演讲，他可能连阿里最初的“十八罗汉”都凑不齐；

如果你不会演讲，你可能活得比同龄人更加吃力。

因为，在当今这个时代，可以毫不夸张地说——生活中，演讲无处不在。

社会交往需要演讲：不会说话，不知道怎么说话，不能够精准表达，你就无法为自己“圈粉”，要么被人视若无物，要么得罪人而不自知。只有像演讲者那样去沟通，把话说在听众心坎上，你才能建立高质量的社交圈。

职场进阶需要演讲：表达能力差的人，自己有什么想法都说不清，又如何让自己的构思、方案，获得领导或客户的认同？能像演讲者一样表达的人，面试时几句话拿下面试官，开会时寥寥数语赢得老板好感，商务谈判中不费吹灰之力拿下大单……

收获爱情需要演讲：搭讪、表白、求婚，甜言蜜语，谈情说爱，都是爱情中的演讲，演讲做得好，幸福来得早；演讲做不好，姑娘转身跑……

无论何时、何地、何种情况下，能够像演讲者一样表达的人，总是能够占尽优势。

演讲，就是你未来通行无阻的桥梁！

试想，如果你拥有了马云一样的演讲口才，你的生活会变成什么样子？一定会令你自己都惊讶！

问题是，你要如何才能让口才像你的才能一样强大？

你需要《会演讲的人，前程一定不会差》！

本书分为备场、怵场、开场、作场、热场、控场、救场、落场共 8 个章节，教你如何迅速提升演讲、说服能力，让你随时随地用一场精彩演讲，展现出自己特别好的一面，让你的人生赢在当众讲话上！

目 录

CHAPTER 01

备场：没有精心准备，就别想演讲完美

一切成功的演讲，都来自充分的准备。什么是充分的准备，就是时刻准备着。一个优秀的演讲者，时刻都在刻意雕琢自己的口才技艺，时刻都在对心中的选题进行日趋完善的整体设计，为的就是能够在演讲时呈现出最好的自己。

CHAPTER 02

怵场：切除心理恐慌，扔掉情绪紧张

演讲恐惧，你、我、他人人都有，演讲恐惧面前人人平等。就连美国前总统罗斯福都说过：“我们唯一不恐惧的就是恐惧本身。”不过，跨越演讲恐惧，也不是靠明白一个理念就能办到的，关键是要善于把自己放到一个不得不锻炼的场景中，逼自己不断地完善自我，习惯并克服这种恐惧，这才是有效的做法。

CHAPTER 03

开场：一句话怦然心动，30 秒引人入胜

有道是“好的开始，等于成功了一半”。所以，演讲要出彩，必须开好头。然而又有道是“万事开头难”，演讲也不例外，开个好头，确实不易。演讲开场，是否独特新颖，是否抓人心灵，是否具有艺术性，将直接影响演讲的效果。所以，如何做好演讲开场，如何做到一鸣惊人，演讲者必须精心设计。

CHAPTER 04
作场：演讲就像演戏，必须活用肢体

生活中有这样一种人，虽然他不是很漂亮、很英俊，但一举手一投足，散发着十足的吸引力，他招人喜欢，他很容易带动周围人的情绪，他有着广泛的人缘和良好的声誉，他的魅力来自哪里？这一节就向大家揭示强化身体魅力的秘密。请务必要明白，养眼的外表不一定能吸引所有人，而身体的魅力，是任何人都无法抵挡的。

CHAPTER 05

热场：引爆现场氛围，形成局面支配

演讲，非常关键的一步，就是牵动听众情绪，进而使听众与你达成思想共鸣，所以在演讲中，你需要不断为听众设置一些“兴奋点”。在演讲中设置兴奋点，不仅能够使演讲者本人完全进入状态，而且能让听众跟着演讲者的节奏走。这样，台上台下就会有呼有应，同悲同喜，形成讲与听融为一体的整体效应。

CHAPTER 06

控场：运用逻辑话术，让听众心悦诚服

要改变一个人的思想、观点，可以说是这个世界上最困难的事情之一，然而演讲者又不得不克服这个棘手的问题。尤其当你的演讲主题有可能引起争议时，你必须找准恰当的解决途径。

CHAPTER 07

救场：挽救人前失言，破解尴尬瞬间

每一场演讲，都带有很多不确定性。也许演讲者一言有失，就会造成会场秩序混乱，场面失控。但是，对演讲者而言，这也是一种机遇——演讲者在应对听众“挑战”的过程中，如果能处置得当，不但可以完美救场，还可以散发出令听众目眩心跳的智慧火花，让他们对你佩服有加。

CHAPTER 08

落场：首尾呼应浑然一体，意犹未尽完美收局

如果把演讲的开场比作“爆竹”，那么落场就有如“撞钟”。古人说过：“好的结尾，有如咀嚼干果，品尝香茗，令人回味再三。”与开场一样，落场也非常重要。如果你的演讲主题鲜明，角度新颖，措辞到位，过程精彩，可是讲到最后，却被一个不怎么美妙的结尾败了笔，岂不是失败至极！

CHAPTER 01

备场：
没有精心准备，就别想演讲完美

一切成功的演讲，都来自充分的准备。什么是充分的准备，就是时刻准备着。一个优秀的演讲者，时刻都在刻意雕琢自己的口才技艺，时刻都在对心中的选题进行日趋完善的整体设计，为的就是能够在演讲时呈现出最好的自己。

没有准备，就是准备演讲失败

我们每个人都有可能需要在很多场合，发表即兴演说，因为没有准备，往往表达得不尽人意。

曾有这样一件事：

美国一位非常有地位的政府官员要在纽约的一次午餐会上做主持人，几千名听众都在等着听他演讲，想听一听他部门里的工作情况。可他一上台，人们就发现他没有准备。刚开始他想即兴讲讲，结果呢，却无话可说。

于是，他从上衣口袋里掏出一叠笔记来，想找一点演讲的东西，但笔记杂乱无章。他心里越紧张，说起话来就越发显得笨拙和尴尬。随着时间一分一秒地过去，他越发地绝望，也越来越不知该说什么才好。他不停地说着对不起，挣扎着还想从笔记中理出一点头绪来，于是他用颤抖的手端起一杯水，凑到干燥的唇边……

当时的情景真是惨不忍睹。最后，他只好坐了下来，而留给大家的是一个丢脸的演讲家的形象。

他的演讲方式正印证了卢梭所说的书写情书的方式，那就是：始于不知何所云，止于不知已所云。

林肯说："即使年纪一大把，经验一大堆，如果无话可说，也免不了要为此难为情。"他提醒我们，只有准备充分的演讲者才有完全的自信，如果没有准备，就是准备演讲失败。

当然，精心的准备，不是让你逐字逐句地将演讲稿背诵下来。如果犯了这种毛病，便会花费很多精力和时间去背诵，这样会毁掉整个演讲。

莫斯伯格恩是美国一位资深的新闻评论家。他还在哈佛上大学时，曾参加过一次演讲竞赛。当时他选了一则题为《先生们，国王》的短篇故事作为演讲内容。然后把它逐字逐句地背诵下来，并且作了数百次的预讲。

比赛那天，他刚说出题目"先生们，国王"这几个字，头脑中就变成了空白，他吓得差点跑下台去。绝望之中，他只好用自己的话来讲这个故事，结果他得了第一名。当评委给他颁奖时，他简直不敢相信这是真的。

也就是从那时起，莫斯伯格恩就不再去背诵任何一篇演讲稿了，他只是做些笔记，然后自然地对听众说话。这就是他在广播事业中成功的秘诀。

每个人都知道，说话是一件很自然的事。说话前的准备主要是准备好讲话的内容并理清思路，而不必去费力地推敲词句。我们通常是边说边想，因此言语便像我们呼吸的空气一样，不知不觉地自然流出。演讲前先写出演讲稿，再把它背下来，不但浪费精力、时间，而且很容易导致失败。

弄清场合背景，设定演讲基调

心理学研究表明，人们的心理都会受场合影响，即使是同一个话题，在不同环境中，同一个人就会给出不同的结论。例如，在天安门广场庄重的升旗仪式上，就算是平时习惯玩笑的一些人，也会不由自主地严肃起来。这样的案例在生活中屡见不鲜。

场合是一种心理暗示，当我们置身于某种场合时，就被暗示应该做出某种行为。丧礼上，我们每个人都知道要表现出悲伤的一面；婚礼上，闷闷不乐的客人是不受欢迎的。场合就是这样，所以在演讲中，我们务必要看准场合。

场合有正式和非正式之分，公开与私下之分，喜庆欢乐和悲伤哀痛之分。在不同的场合应该说与之相应的话，这样才能产生良好的演讲效果。同一句话，在这个时间、这个地点可以说，但在那个时间、那个地点就不能说。如果不注意场合，说一些不适宜的话，不仅会影响互动交流，甚至会把演讲搞砸。

一位老教师退休，为此，学校专门为他和另一位曾多次荣获“先进”的老同志，举行了一个欢送会。与会领导对二人多年的工作及为人，给予了高度评价，不过相比之下，那位曾多次荣获“先进”的老同志，得到的赞词要略多一些。

当轮到退休同志登台演讲时，二人都对大家的赞誉作了深情的感谢。一时间，会场内充满了令人动情的温馨气氛。话若能说到此为止，显然是非常圆满的。然而，那位老教师并没有就此打住，却因人们对另一位“先进”的赞扬而大发感慨：“说到先进，很遗憾，我从来也没有得过一次……”

这话就有些不合场景了。听他这么一说，坐在前排，平日与他有些隔阂的一位青年教师突然抢过话头：“不，那是我们不好，不是你不配当先进，是怪我们没有提你的名。”话语中带着一种不肯饶人而又让人难堪的“刺”，冷不防，老教师的眼角眉梢被“刺”出了一股感伤的表情，一时间会场中出现了一种快快不快的尴尬气氛。

一位领导见势不对，马上接过话茬，想将气氛缓和一下。照理说，这时，他应避开“先进”这个敏感的话题，转而谈论其他。然而，他却反反复复劝慰那位退休老教师，叫他对“先进”的问题不要在意，说没有评过先进，并不等于不够先进，先进不仅在名义，更要看事实。如此等等，一席话，等于是把本应避而不谈的话题作了重复和引申，使本已尴尬的局面变得更为尴尬。

这就是“懂场合”与“不懂场合”的巨大反差。契合场合的话，说得好，就会赢得一片掌声；说得不好，则会将融洽气氛破坏殆尽，乃至成为听众眼中的“毒舌”。

我们演讲时必须要注意场合。不看场合，信口开河，想到什么就说什么，只能说是一种低情商的表现。高明的演讲者，必然懂得利用社会文化背景，即社会场合来渗透表达自己的想法，而且往往能够收到不俗的效果。

演讲者应该怎么做？

（1）要在思想上强化场合意识

有些演讲者没有场合意识，不管什么场合，说话都习惯从主观意识出发，心里怎么想，嘴上就怎么说，丝毫不顾及别人的感受。殊不知，这样往往会冒犯听众。对这种演讲者来说，当务之急就是加强场合意识，懂得不同场合对说话内容和方式的特定限制和要求，时时不忘看场合说话。应当努力做到在每次演讲之前，要把场合大小、人数多少及相互关系搞清楚，据此确定自己的演讲内容和方式。在具体说法上，既要考虑自己的演讲目的，又要顾及他人的“场合心理”，追求主客观的高度一致。

（2）明白什么场合

在轻松愉快的演讲场合谈论那些严肃的话题或枯燥无味的学问，肯定会惹人厌恶；而在庄重严肃的演讲场合开那些无聊的玩笑，就会让人觉得你太过轻浮、不识大体。

有一次，美国前总统里根在国会开会之前，为了试验麦克风是否好使，张口就说：“先生们请注意，5 分钟之后，我将对苏联进行轰炸。”一语既出，满堂哗然。里根在错误的场合、时间里，开了一个极其不当的玩笑。为此，苏联政府提出了强烈抗议。这说明，在庄重严肃的场合是不宜开玩笑的。

在正式场合说话应当严肃认真，事先要有所准备，不能随便乱扯一气。在正式、公开的演讲场合，比如说作报告、谈判、辩论、会议发言、答记者问、主持节目、讲课，以及外事活动等情况下，必须选准词语、把握分寸，绝不可信口开河、胡言乱语。特别是有身份、有地位的人，在这种场合更要注意。

在非正式场合，演讲就可以随意一些，可以像聊家常一样，这样才更有利于感情的交流，措辞不必那么讲究，就算出点格，也没有大碍。

有些人在非正式场合说话文绉绉，而有些人在正式场合说话俗不可耐，这都是没有把握好正式场合与非正式场合的界限。

（3）要自觉摆脱谈吐上的惯性

人们的言行往往带有一定的习惯性。有些不当的话语并不是主观上想这样说，而是受习惯的支配一不留神脱口而出，造成与场合环境的不协调，事后连他们自己也感到后悔。心直口快的人必须有意识地摆脱自己口语表达上的惯性，养成顾及场合、随境而言的良好表达习惯。在演讲中，要把听众、场合、时间等多种相关因素都考虑进去，想一想如何张口，选择最恰当的方式说话，以使自己的谈吐既符合场合要求，又符合听众的接受心理，最大限度地实现与听众的良好互动。

（4）要善于控制自己的不良情绪

经验证明，人们忽略场合因素，造成语言失控，常常发生在情绪冲动之时。有个特能侃的青年，参加朋友婚礼时被众人推上台去做即兴演说，给大家助酒兴。他在台上大侃自己的所见所闻，逗得大家不断喝彩。他一时得意忘形，讲起了一个新婚之夜新郎杀死新娘的奇闻。还没等他说完，新娘的脸色就变了，新郎见状一肚子气，有眼色的朋友赶忙借故把他从台上拉了下去。

这个青年的失言就是由于情绪失控造成的。在喜庆场合卖弄自己的口才，说与场合、气氛很不协调又不吉利的话，难免惹恼人。

（5）善于多角度切入

某些场合的变化是出人意料的，如果应对不好，就会使自己陷于某种困境。这就要求演讲者必须善于变换切入角度，灵活应对和驾驭各种局面。

事实上，每一个场合都有自己特定的要求，都需要演讲者根据实际情况来准备并组织思路和语言。这样你的演讲才会更符合场合要求，也更容易打动听众。

摸清听众属性，调整演讲风格

看清对象、因人而异，这是说话的基本要求。我们知道，世界上根本没有完全相同的两个人。出于性别、教养层次、性格、地域、文化背景的不同，人与人之间的差异有时大得惊人，不同对象对于同一句话的反应，很有可能会大相径庭。

因此，演讲者在演讲之前一定要对听众有一个具体了解，知道听众所在的社会层次、文化层面，以及他们的感知程度如何，等等，尤其应分析听众对本次演讲的关注点在哪里，以便找准演讲主题，或为主题提供听众感兴趣的辅助内容。

演讲者对于听众的了解，就好比医生对病人的望闻问切，只有把准了听众的脉搏，才能进行有针对性的演讲。演讲者对于听众了解得越深刻，就越有利于演讲的进行。大体上说，我们在针对不同人群进行演讲时，应注意以下几个方面：

（1）应先了解听众的一些经历情况和生活状况

思维方式不同，人的生活观念也不同，因此，也要特别了解他们的生活愿望、生活观点。

（2）必须注意听众的心境特征

如果在演讲当中，不顾听众的心理变化，而一味地将想法统统搬出来，那么，你是得不到认同的。一厢情愿的演讲往往会让听众厌恶。

不看对方的态度便贸然开口，叫作闭着眼睛瞎说。在演讲过程中，听众的心理活动是呈渐变状态的，这就要求我们兼顾听众的心理活动，使演讲内容和听众的心境变化相适应并同步，这样才能让演讲引起共鸣。

（3）根据性别选择演讲内容

俄罗斯有一句谚语："男人靠眼睛来爱，女人靠耳朵来爱。"性别不同，对言辞的接受程度也是有差别的。

如果细心，我们会发现这样一个情况：男士的话题大而广，女士的话题小而狭。一般说来，男士喜欢听的是时事、政治、法律、体育、文化、社会问题、经济动向等；而女士喜欢听的则是孩子、丈夫、日常经济、消费心得等。

在接受程度上，一般说来，男士较能承受率直、干脆、粗放、量重的话语；女士则喜欢委婉、轻柔、细腻、量轻的话语。

我们在演讲时，必须依据性别选择演讲内容，努力使自己的言辞契合接受者的性别需求。

（4）根据教养层次选择演讲内容

教养是指接受对象的一般文化和品德水准，包括文化程度、知识积累、生活阅历、涵养气度等。教养层次不同，对言辞的接受程度也有不同。有些话说出来，甲听得懂，理解得了，乙可能就听不懂，理解不了。

例如，作家丁玲的小说《太阳照在桑干河上》中的人物——工作组组长文采的演讲，就是没有区分接受对象的教养层次和实际需求，而致使“言者谆谆，听者藐藐”。所以，我们在演讲时，务必要认清听众教养层次如何，盲目表达不仅达不到演讲的目的，甚至会弄巧成拙，贻笑大方。

（5）根据地域选择演讲内容

地域指的是接受对象所处的地理位置，包括国别、省别、族别等。不同的地域有不同的地域文化，彼此在认识、观念、习惯、风俗上都有区别，对演讲者言辞的接受就会有所不同。我们在进行演讲时，应当认清接受对象的地域性，才会产生良好的演讲效果。

《尹文子·大道》讲了这么一件事：

郑国人把未经加工处理的玉叫作“璞”，东周人把还没有腌制成干的老鼠叫作“璞”。郑国的一个商人在东周做买卖，一个东周人问他：“你要不要买璞？”郑国商人说：“我正想买。”于是东周人从怀里掏出一只老鼠递上，郑国商人赶快辞谢不要。东周人在作言辞表达时，没有认清其接受对象是郑国人，所以买卖不能成功。

因地域不同而产生的表达差别，甚至在同一个民族、同一个省区的不同位置，也有表现。如同贵州人，对西红柿，贵阳人叫毛辣角，遵义人叫番茄，兴义人叫酸角，独山人叫毛秀才。演讲者如果不区分这些地域上的差别，演讲目的就难以实现。有些严重的差异，如不分清，甚至还会对演讲者造成严重的后果。

（6）看文化背景说话

随着社会的发展、国力的强大，我们的演讲逐渐延伸到不同国家、不同民族、不同地区，若想适应演讲的广泛性，就要考虑不同文化背景下的说话特点，使我们说出来的话与特定的文化背景协调一致。

写文章要看读者，演讲更要看听众，为了使我们的演讲引起听众的重视、获得他们的认可，顺利达到演讲的目的和效果，就必须看准对象、因人而异。

掌握腹稿四步曲，从容演讲没问题

对于初唐四杰的排名，后世一向有所争议，有人认为是王杨卢骆，有人则认为应该是王骆卢杨，但不管怎么排，“王”总是铁打不动的榜首。这个“王”就是王勃，写出“落霞与孤鹜齐飞，秋水共长天一色”的那位。

王勃写文章有个特点——“初不精思，先磨墨数升，则酣饮，引被覆面卧，及寤，援笔成篇，不易一字，时人谓勃为‘腹稿’”。

什么意思呢？白话解释就是，王勃每次写文章之前，先磨半天墨，再喝半天酒，然后再蒙头大睡半天，睡醒之后，精神抖擞，挥笔成文，一蹴而就。当时的人都说王勃在打腹稿。

腹稿，是指动笔之前所作的构思。一般而言，人在特定语言环境下做即兴讲话，大脑就会就某个话题形成一种表达意向，就是所谓的“命题映像”。进而，大脑会根据命题展开联想，搜索资料，但这些灵光一闪的思维点显得支离破碎，而且稍纵即逝，这就需要尽快对这些零散思维进行整合、筛选，然后按一定的逻辑串联起来，这就是“腹稿”了。演讲，尤其是即席演讲，打腹稿非常重要。

那么，究竟该如何“打腹稿”呢？

高明的演讲者自有他惯用的“套路”，他们往往将自己要表达的内容纳入一个既定框架，这样按部就班地讲起来就从容多了。美国著名公共演讲专家理查德，归纳了一个即兴演讲的“精选结构模式”，具有很强的操作性，他建议演讲者以这样 4 步进行演讲：

（1）喂，喂！请注意！

（2）为什么要费口舌？

（3）举出典型例子。

（4）该怎么办？

第一步“喂，喂！请注意”，是告诉我们演讲必须首先激发听众兴趣。

理查德说：“不要平铺直叙地开始演讲：‘今天，我要讲的内容是保障行人生命安全……’你最好这样开头：‘在上星期四，特购的 450 具晶莹闪亮的棺材已运到了我们的城市……’”理查德所设计的这一开篇语显然很抓人心，它能激发听众好奇心，使他们产生一探究竟的冲动。你可以触类旁通。

第二步“为什么要费口舌”。

理查德解释说：“接下来你要向听众讲明为什么应当听你演讲——不讲交通安全，那订购的 450 具棺材也许在等待着我，等待着你，等待着我们的亲人。”

为什么？因为事关在场的你和我，以及场外无数的亲人。理查德这种联系性陈述，很容易与听众建立起情感共鸣。

第三步“举出典型例子”。理查德指出，“还是谈交通安全问题，你如果用活生生的故事教训来说明那些会令人送命的潜在因素，远比干巴巴地讲条文要好得多。”

最后一步“该怎么办”。理查德提醒演讲者注意，“这一步一定要明确告诉听众，你说了这么多，究竟是希望大家怎么做，务必要讲得生动、具体、符合实际。”从根本上说，“该怎么办”是演讲的目的所在，如果这一步处理不到位或者忘记这一步，等于没讲！

理查德同时强调，“为什么”和“举例”这两步，如同馅饼里的馅，味道就在这里面。但是，这两步与首尾两步一定要做好连接与呼应。

运用理查德“四步曲”构思演讲腹稿，可有效缩短演讲者布局谋篇方面的时间，使整个过程像做填空题一样简单，能使我们在当众演讲时泰然自若、有条不紊地陈述自己的观点，而不会陷入支支吾吾、张口结舌、词不达意的尴尬境地。

培养一种“撩人”的语言魅力

语言魅力是什么？语言魅力就是风格，就是每片唯一的叶子所体现出来的生存的光芒、生命的美丽。完美的演讲，必须要有属于自己的语言魅力。一旦我们打造了属于自己的语言魅力，就会在闪亮的人生舞台中占据一席之地。

当年，史蒂文·道格拉斯与亚伯拉罕·林肯为竞选参议员而展开了一场精彩的演讲辩论。道格拉斯身材矮小却很壮实，媒体形容他就像是一头凶猛的斗牛犬，他的支持者则称他为“小巨人”。林肯恰恰相反，他身材消瘦，相貌普通，看起来更像一个地地道道的农民，并非参议员候选人。两个人不但相貌反差极大，而且个性、思想和立场也截然不同。道格拉斯衣着气派，林肯则朴实无华；道格拉斯缺乏幽默感，林肯则是出色的故事家；道格拉斯讲话声如雨下气势庞大，林肯演讲则如小泉流水舒缓从容。他们都是非常著名的演讲家，都具有无与伦比的个人魅力。但如果哪个人相形惭愧而刻意去模仿对方，那他一定会输得很惨。正因为把自己独特的风格发挥到极致，他们才会显得与众不同，才会有那么多的支持者。

每个时代，都需要不同凡响的人，他们有属于自己的语言魅力。因此，演讲者永远不要害怕拥有与众不同并且吸引目光的特点。

如，爱迪生就懂得为了募捐必须不惜任何代价而持续曝光的道理。几乎与所有的发明本身同样重要的是，他知道怎样将这些发明尽快地呈现在人们的面前，引起足够的注意力。由此，他设计了令人眩晕的实验来展示在电力上的发现，常常讲解在当时看起来不可思议的未来发明——机器人，以及可以拍摄思想的机器，结果使得大众对他的言辞议论纷纷、念念不忘。他虽然使出浑身解数希望大家的目光能放在他的发明上而不是他的名字，但是发明的知名度还是远不及他的名气。

显而易见，为了在演讲中备受关注，达到预期的演讲效果和目的，你必须设法展现自己的个性，打造属于自己的语言魅力，一开口就让人觉得你是一个与众不同的人物，只有这样，他们才愿意听你讲述、对你信服。

当然，演讲风格也不是纸上谈兵，需要演讲者的勤学苦练来形成。正如著名雄辩家、演讲家西塞罗所说的那样：“训练有文化素养的雄辩家的方法，不在于背诵演说的规则，而在于实地练习。”口才训练主要应从语音、语气、语调、语速及措辞等方面下苦功夫，对于初级演讲者来说，应根据自己的思维能力、语言水平来确定重点，由易到难，循序渐进，扬长避短，持之以恒。事实上，任何人只要肯用心用功，经过长期训练，都能练出好的演讲口才。

让每一次演讲，都带着你的属性

没有人天生就拥有比其他人更耀眼的光芒，每个人都必须学习如何吸引他人关注的目光，尤其是作为演讲者，就应该让自己的名字和声誉附上一种与众不同的特质，使自己超越于他人之上。此魅力可以是让人们津津乐道的生活轶事，某种个性化的穿着打扮或是由内到外折射出的性格气质。而在语言上，一旦你打造了属于自己的魅力，就会在闪亮的星空中占据一席之地。

美国人一般性格外向、感情丰富。他们欣赏英俊的外貌，沉着潇洒、彬彬有礼的绅士风度，赞赏幽默机智的谈吐。1960 年，尼克松败在肯尼迪手下，就是因为在电视辩论中风度与谈吐均不如肯尼迪。里根之所以能当上总统，与他在当电影演员时培养出来的潇洒风度和练就的好口才有很大的关系。

从形象看，年仅 46 岁的高大、英俊的克林顿当然比年纪老迈的布什占有很大的优势，但布什是一个很难对付的对手，他是一个老牌政客，在从政经验的丰富与外交成就的显赫这两个方面，克林顿无法同他相比。故而克林顿在三次电视演讲中决定采用以柔克刚的办法，不咄咄逼人，不进行人身攻击，要在广大观众面前展示出一个沉着稳重、从容大度的形象。

在 1992 年 10 月 15 日第二次电视演讲中，演讲现场只设一个主持人，候选人前面都没有讲桌，只有张高椅子可坐，克林顿为了表示他对广大电视观众的尊敬，一直没有坐，并且在演讲中减少了对布什的攻击，把重点放在讲述自己任阿肯色州州长 12 年间所取得的政绩上。克林顿的这种以柔克刚、彬彬有礼的做法，立即赢得了广大电视观众的好感。

最后一次电视演讲中，克林顿英俊潇洒的姿态、敏捷的论辩与幽默机智的谈吐使他大出风头。他在对布什的责难进行了有效的反驳以后，很得体地对广大电视观众说："我既尊敬布什先生在白宫期间的为国操劳，又希望选民能鼓起勇气，敢于更新，接受更佳人选。"话音刚落，掌声雷动。

克林顿要想圆他的总统梦，必须把布什拉下马，克林顿深知电视演讲的重要。如果在电视演讲中表现出色，加上舆论界广为宣传，就将为入主白宫铺平道路；如果在电视演讲中惨遭失败，那么，他的总统梦将化为泡影。

为了在电视演讲中获胜，克林顿的竞选班子绞尽了脑汁，制定出了有礼有节、以柔克刚的有效的演讲方法。

电视演讲不但可以显示总统候选人的竞选主张，更重要的是还能展示候选人的素质和能力，如形象、风度、思维能力、表达能力、应变能力等。克林顿抓住电视这个受众面最广的传媒，在辩论中以说"礼"话的策略与布什竞选，赢得了广大选民的信任和支持，也展示了自身良好的风度和形象。

当今时代就是需要具有不同凡响的人，他们有属于自己的语言魅力。因此，永远不要害怕让自己拥有与众不同并且具有吸引目光的特点。实际上，所有的专业人士都应该具有演员的气质，在自己的人生舞台上，演绎一场神秘的戏剧，或正面，或反面。

总而言之，为了让更多的人关注你，你就必须竭力地亮出自己的个性，打造属于自己的语言魅力，让别人觉得你是一个与众不同的人物。

什么样的声音，听众才爱听

声音是一个人的个性特征之一，电话中我们往往能从对方的第一句话就能判断出他是谁，同样，声音对语言有着强大的辅助作用。一个人发出的声音是否能吸引住听众，这对演讲成功与否具有很大影响。当你对他人讲话时，你应力求做到，让自己发出的每一个声音首先给别人留下良好印象，进而才能更加充分地展示自己的演说征服力。

对一个正常人来讲，其发音有 12 至 20 个音阶。当然，那些职业演员和歌唱家要更高一些，有的可达到 36 个音阶。但不幸的是，有些人的声音可能只有 5 个音阶，他们发出来的声音让人听起来就像一根弦在拨动，十分单调，令听者感到头脑发胀。

刘媛媛是一家广告公司的资深业务经理，她最关心和留意客户的销售问题，并总是乐于帮助同事解决难题，但她的声音让人听起来不舒服，那尖锐的声音就像一个小女孩发出的叫声。她的老板私下说，我很想提升她，但她的声音又尖又孩子气，无论是面对客户做产品演说，还是给同事做会议演讲，都让人觉得她说的话缺乏成熟感。我不得不找一个声音听来成熟果断的人来担任此职。显然，刘媛媛就是因为自己说话的音调不合适而失去了提升的机会。

不过，声音不好的朋友也不必灰心。事实上，人的声音不是一成不变的，通过一些有针对性的技巧训练，完全可以克服你平时的一些怪癖和不良习惯，从而改善你说话时的语调、发音、音量、节奏、速度等。给大家提几个建议：

（1）为了更加准确地知道自己的声音，你可以将录音机放在电话旁边，听听你每天打电话时的声音。

（2）请家人或朋友对你的声音作出一个真实的评述。

（3）将你在停顿或静默时反复使用的语气词记下来，在今后的演讲中尽量避免使用。

（4）进行发音训练。你可以在图书馆找到一些有关的书籍，针对自己的特点进行训练。或者找一些语言磁带和录像带进行训练。

（5）进修一门公共言谈或演讲的课程。

总之，许多让我们变得更加优异的东西都不是与生俱来的，而是需要通过后天努力加以完善。声音就是这样，你试着改变一下，也许你就会看到一个意想不到的结果。

语气的使用，是一门必修课程

一次，郭沫若在台下观看自己创作的五幕历史剧《屈原》的演出，他听到婵娟痛斥宋玉：

“宋玉，我特别恨你，你辜负了先生的教训，你是没有骨气的文人！”

郭老听后，感到“你是没有骨气的文人”这句话，骂得还不够分量，就走到后台去找“婵娟”商量。“你看，在‘没有骨气的’后面加上‘无耻的’3个字，是不是分量会重些？”

这时，正在一旁化妆垂钓者的演员张逸生，灵机一动，插了话：

“不如把‘你是’改为‘你这’，‘你这没有骨气的文人’，这多够味，多么有力！”

郭老拍手叫绝，连称：“好！好！”

这一字之改，不仅使原来的陈述句变为坚决的判断句，而且使语言有强烈的感情色彩，语气也更加有力，婵娟的愤怒之情溢于言表。一个人只要驾驭了语气，就能够出口成彩。这种当今社会最值得推崇的口才能力就显现了驾驭语气的功力。要达到驾驭语气的基本要求，以下3点建议可供参考。

（1）改变不良的习惯语势

人在社会化的过程中，由于受社会、家庭和个人的某种语言习惯的影响，形成了每个人独特的习惯语势，在演讲中，我们要尽量克服那些不符合语气要求的习惯语势。

比如：有的人讲话声音变化很大，总是一开口声音很高、很强，到后来越说越低、越弱，句尾的几个字几乎听不到。这种头重脚轻的语势使语意含混，容易造成听话人的疲劳感；有的人讲话，总是带有一种“官腔”，任意拖长音，声音下滑，造成某种命令、指示的意味；有的人讲话，则喜欢在句尾几个字上用力，使末一个字短促，语力足，给人以强迫感、武断感，容易让人不舒服等等。

演讲中，把握语气主要是要做到句首的起点要参差不一，句腹的流动要起伏不定，句尾的落点要错落有致，这样就能使语气千姿百态，丰富多彩。

（2）掌握语气的特点

语气包含思想感情、声音形式两方面内容，而思想感情、声音形式又都是以语句为基本单位的。因此，语气的概念又表述为具体思想感情支配下的语句的声音形式。语音作为语言的物质外壳，是语气表达所必须依据的支持物。语言有表意、表情、表志的作用，语气相应也分为这 3 种：

①表意语气

表意语气指的是向对方传递某种信息。如陈述、疑问、祈求、命令、感叹、催促、建议、商量、呼应等。这种语气词或独立成小句，或用于小句末，或用于整个句子末尾。指明事实，提请对方注意，用“啊、呢、咯、嗯”等；催促、请求用“啊、吧”；质问、责备用“吗”，如与副词“难道”搭配，语气更为强烈；说理一般用“嘛”和“呗”；招呼、应呼用“喂”；揣测用“吧”。

②表情语气

表情语气是谈话中表现的感情。如赞叹、惊讶、不满、兴奋、轻松、讽刺、呵斥、警告等。赞叹用“呵、啧”，句中常有“多”字搭配；惊讶用叹词“啊、哎、哟、咦”；叹息用“唉”；制止、警告用“嘘、啊”；醒悟用“哦”；鄙视用“呸”，等等。

③表志语气

表志语气，就是对自己的说话内容表示某种态度。如肯定、不肯定、否定、强调、委婉、和缓等。肯定用“得了（是）……的”；缓和用“啊、吧”，语气显得平淡，不生硬；夸张用“呢、着呢”。

（3）根据不同场合调整语气

要取得良好的演讲效果，有声语言的表达，必须考虑场合、对象、时机等因素，要根据不同场合、不同时机、不同环境和不同对象的语言交流特点，灵活恰当地运用语气的多种形式，做到适时而发。

①因地而异

把握语气要注意因地而异，这是非常关键的。一般而言，场面越大，越要注意适当提高自己的声音，放慢语速，把握语势上扬的幅度，以突出重点。反之，场面越小，越要注意适当降低自己的声音，适当紧凑词语的密度，并把握好语势下降趋向，追求自然。场合不同，应运用不同的语气。在社交性场合和论辩场合、严肃的场合和轻松的场合、安静的场合和嘈杂的场合等，演讲都要根据情况使用不同的语气。

②因时而异

同样一句话，在不同时候说，效果往往大相径庭。抓住时机，恰到好处，运用适当的语气，才会产生正确有效的效果。

③因人而异

驾驭语气尤为重要的一条就当属因人而异，语气能够影响听话者的情绪和精神状态。只有当语气适应于听话者的同时，才能同向引发，语气不适应于听话者，则会异向引发。比如，是喜悦的会引发出对方的喜悦之情，是愤怒的会引发出对方的愤怒之意；如生硬的语气会引发出对方的不悦之感，埋怨的语气会引发出对方的满腹牢骚等等。判断说话语气的依据是一个人内心的潜意识。语气是有声语言的最重要的表达技巧。

掌握了丰富、贴切的语气，才能使我们的思想感情处于运动状态，同时对听众产生正效应，从而赢得演讲的成功。

加强讲前练习，强化语调感染力

语调，就是说话的腔调。从严格定义上说，语调应表述为：整句话和整句话中某个语言片段在语音上的抑扬顿挫，包括全句或句中某一片段的声音的高低变化，说话的快慢（即音的长短和停顿）以及轻重等。在演讲中，语调往往比语义能传递更多的信息，能对听众的心理产生极其微妙的特殊作用，因此更为重要。

在波兰有位明星，人们都称她为摩契斯卡夫人。一次她到美国演出的时候，有位观众请求她用波兰语讲句台词。于是她站起来，开始用流畅的波兰语念出台词。观众们虽然不了解她台词中的意思，却觉得听起来令人非常的愉快。

摩契斯卡夫人接着往下念后，语调渐渐转为低沉。最后在慷慨激昂、悲怆万分时戛然而止。台下的观众鸦雀无声，同她一起沉浸在悲伤之中。而这时，台下传来一个男人的笑声，他就是摩契斯卡夫人的丈夫——波兰的摩契斯卡伯爵，因为他的夫人刚刚用波兰语背诵的是九九乘法表！

从这个故事中我们可以看到，语调的不同竟然有如此不可思议的魅力。即使不明白其意义，也可以使人感动，甚至可以完全控制对方的情绪。因此，你的语调是很重要的！

我们说话的语调，也必须和音乐一样，能够渗进人们心中，才能达到预期的演讲效果和目的。因此，在表示有疑问的时候，你可以稍微提高句尾的声音；要强调的时候，声音的起伏可以更大些；要表现强烈的感情时，可以把调子降低或逐渐提高。

总之，绝对不要使你的语气单调，因为音阶的变化会增强你的说服力。你的热情会在音阶的变化中展现，并且能够感染听众，从而产生说服的力量。

相反，如果你在演讲时，只是抓住了字词的表面意义，那么你只是用"借来的字词"在传达而已，你并不是个很高明的演讲者。你应该把这些字词的意义充分地表达出来，并且加上你对它们的爱，你的表达才是完整的，你的感情才能充分地表露出来。那么，怎样才能使语调生动有趣感染听众呢？

（1）掌握有特色的各种句调

一句话富有表现力，因为它声音有高有低，有快有慢。声音的高低是由声带的松紧决定的，声带拉紧，声音就变高；声带放松，声音就变低。我们说话可以自由地控制声带的松紧，使之发出不同的高低音。一句话声音的高低变化叫作句调。句调是语调中主要的内容。

句调可分升调、降调、曲调、平调 4 种。升、降、曲、平四调，各具特色。只有掌握句调的特点，才能灵活表达出各种句调。

①升调

这种句调前低后高，整个句子的后半句明显升高，句末音节高亢，一般用于提出问题、等待回答、感情激动、情绪亢奋、句中顿歇、意犹未尽、发号施令、宣传鼓动、惊异呼唤、出乎意外等场合。

②降调

这种句调先高后低，但声音不是明显下降，只是逐渐降低，句末音节短而低。在口头交际中，降调的使用最为常见，它多用于情绪平稳的陈述句、感情强烈的感叹句、表达愿望的祈使句。

③曲调

这种句调由高转低，自低升高，或由低转高，再降低。曲调能表达出复杂的情绪或隐晦的感情，所以常用于语义双关、言外有意、幽默含蓄、讽刺嘲笑、意外惊奇、有意夸张等处。

④平调

这种句调变化不大，平稳、舒缓，多用于表达分量较重的文句，如庄重严肃、冷淡漠然、思索回忆、踌躇不决等。

（2）语调抑扬顿挫

说出的话中含有语调才能显得抑扬顿挫。抑扬顿挫构成语言自然和谐的音乐美，能细致表达思想感情和语气，使语言更富有吸引力。一般来说，语调越多样化，越生动活泼，其吸引力就越大。分寸感是语调正确的首要条件。每句话都可以用不同的语调来说，但不同的语调给对方的信息刺激也是不同的。同样一句话，由于语调不一，就可能给人不同的理解，文明语言可能揭示不尊敬对方的信息；相反，有少许不礼貌的语言在非常亲近的人当中，却给人揭示一种亲密无间的信息，关键在于语调分寸感的使用。恰当地运用不同的语调，是衡量一个人口头表达能力的重要标志。

（3）控制说话的轻重快慢

人们说话都有轻重快慢之分。一般来说，重要的词语或需要强调的内容说得重些，句子中的辅助成分或平淡的内容说得轻些。说话轻重适宜，能使语意分明，声音色彩丰富，语气生动活泼，语言信息中心突出，从而引起听者的注意，引导听者的思路，易于被人理解和接受。说话的轻与重，是相对而言的。太轻，容易使听者减少兴趣；太重，也容易给听者突兀的感觉。应根据说话的内容，该轻则轻，该重则重。使人感到音节错落有致，舒服畅快。

语速应根据演讲场合和个人表情达意的需要而选择。运用恰当的语速说话，是控制语调的主要技巧。在需要快说时，语速流畅，不急促，使人听得明白；在需要慢说时，不能拖沓，要声声入耳。语速徐疾，快慢有节，才能使言语富于节奏感。听众处在良好的倾听环境里，才能不疲劳，并且增强语言的感染力。

（4）培养表达心声的语调

语调对于有声语言表达的效果有重要的作用。语调不仅能成功地表达一个人的心理和性格，还可以表达说话者微妙的感情。不同的语调，将导致听众不同的感觉效果。一句话起什么作用，产生什么效果，给听众什么感受，取决于演讲者的语气和语调。语调关系到演讲的成功和失败，所以要想练就优美的演讲口才，必须练习那种真实、准确、富有生命力的语调。

语速优化训练，美丽开口一瞬间

现在，请留意一下自己，说话是不是太快了？如果我们说话快而致字音不清，就会使人听了等于没听。

说话即使快而清楚，也不足效仿。演讲的目的在于使听众全部明了，听众听不清，听不懂，就是浪费时间。我们要训练自己，讲话的声音要清楚，快慢要合度。说一句，听众就可听懂一句。

一家大报的广告部经理给一位语言培训专家打来电话，请他给其手下的一位员工保留一份工作，并向这位专家抱怨道："她已 40 多了，在公司工作 15 年之久，我很欣赏她的工作能力，可她做工作报告的速度快得令我紧张不安、无法跟上她的思路。几年前我不会像现在如此在意，可是随着工作压力与负担的加重，她的声音对我的刺激也越来越大。我并不想辞退她，可是要是她说话不放慢速度，我只好让她离开，以保持自己神志清醒。"

事实上，说话的快慢确实可以通过练习来调适，语速的调适具有双重因素，如果你说话的速度太快，下列几点可以使你减慢，反之亦然：

（1）从 1 数到 10，第一次 5 秒钟说完，第二次 10 秒，第三次 20 秒。

（2）经常练习高声朗读报纸上的文章，先用铅笔将你认为要连贯的字词做个记号，朗读时，同时移动铅笔，引导你的声音。要是你觉得自己平常说话的速度太慢，就加快一些；要是太快，就放慢些。

（3）以录音机录音，然后倒回重放，检查自己的速度，是否流畅？是否跳跃停顿？

（4）录下一些好的新闻报道，试着模仿播音员的播音。

一旦你控制住了自己的语言，它就会乖乖地听你驾驭了。你可以放慢自己的速度，以满足听众的需要；你可以根据听众的类别、当时的气氛等因素来调整自己说话的声音、说话的速度，以应付不同情景的需要。

一字一词一句，都要好好打磨

说话需要注意遣词，恰当的用字，不仅可以准确地表达自己的意思，而且能够起到感染听众的效果。美国作家马克·吐温说："恰当地用字极具威力，每当我们用对了字眼……我们的精神和肉体都会有很大的转变，就像在电光石火之间。"当我们在演讲中用对了词，用对了地方就能叫人笑、治疗人的心病、带给人希望，然而若是用错了字眼就会使人难受、刺伤人的心、带给人失望。同样地，借着所用的"字眼"可以让别人了解我们崇高的心志和由衷的愿望。

很多伟大的人就是因为善于运用"字眼"的力量，才大大激励了当时的人们，决心跟随这些伟人，结果才塑造出今天的成就。事实也是如此，当你用对了字眼时，不仅能打动人心，同时更能带出行动，而行动的结果便展现出另一种人生。当帕特里克·亨利站在13州代表之前慷慨激昂地说道："我不知道其他的人要怎么做，但就我而言，不自由毋宁死。"这句话激发了几代美国人的决心，誓要推翻长久以来骑在他们头上的苛政，结果造成燎原之火，美利坚合众国由此诞生。

曾有一位美国伟人演讲道："当我们今天得以享受到充分的自由时，不要忘了独立宣言，虽然那没有几句话，却是200多年来所给予我们每个人的保障。同样地，当我们这些年致力于种族平等时，不要忘了那也是因为某些字眼的组合而激发出来的行动所致，请问谁能忘记美国黑人领袖马丁·路德·金博士打动人心的那一次演讲？他说道：'我有一个梦，期望有一天这个国家能真的站立起来，信守它立国的原则和精神……'"

第二次世界大战期间，英国正处于风雨飘摇之际，有一个人的话激起了英国全民抵抗纳粹的决心，结果他们以无比的勇气挺过了最艰难的时刻，打破了希特勒部队所向无敌的神话，那个人就是英国政治家丘吉尔。很多人都知道成功的人生就是由那些具有威力的话所谱写而成的，然而却很少有人知道那些伟人的背后所拥有的语言力量也能够在我们的身上找到，这能改变我们的情绪、振奋意志，乃至于有胆量敢于面对一切挑战，使人生过得更加丰富、精彩。

因此我们务必要重视使用字眼的重要性，这做起来并不难，只要你能聪明而用心地选择便行了。

譬如说当你要形容一件很了不起的成就时，用的字眼是"不错的成就"那对听众的情绪就很难造成兴奋的效果，这是因为你使用了很有局限性的字眼所致。一个人若是只拥有有限的词汇，那么他就只能体验有限的情绪，反之若是他拥有丰富的词汇，那就有如手中握着一个可以调出多种颜色的调色盘，可以尽情挥洒你的人生经验，不仅为别人，更可以为自己。

CHAPTER 02

怵场：切除心理恐慌，扔掉情绪紧张

演讲恐惧，你、我、他人人都有，演讲恐惧面前人人平等。就连美国前总统罗斯福都说过：“我们唯一不恐惧的就是恐惧本身。”不过，跨越演讲恐惧，也不是靠明白一个理念就能办到的，关键是要善于把自己放到一个不得不锻炼的场景中，逼自己不断地完善自我，习惯并克服这种恐惧，这才是有效的做法。

存在沟通心理障碍，一样能演讲

很多人觉得自己无法演讲，是因为他们本身存在沟通心理障碍。

生活中我们经常遇到这样的情况，我们觉得有必要就某件事情跟别人交流，但自己首先会想象到一个令自己难受的结果，并以此结果作为一个理由来说服自己取消或者延迟这次交流。往往这样的做法会导致以后你需要花一倍甚至更多的精力来解决原本很简单的问题。

这个过程中，其实并不是对方令你难受，而是自己令自己难受；并不是对方在拒绝与你交流，而是你自己拒绝与对方交流。

这就是沟通的心理障碍。

谭维重点大学毕业，文静端庄，在别人眼中也是一个不错的女孩子，做事认真，为人朴实，就是有些面浅害羞。其实谭维自己也为此感到苦恼。早在上学时，谭维就害怕在课堂上发言，担心说不好别的同学会取笑，一开口就紧张，脸也红的像苹果一样，讲话也不利索了，如果有个别同学嘲笑她，她就更紧张，因此她尽量避免在课堂上发言。大学毕业以后，谭维进入了一家前景不错的公司，经过努力，当上了部门经理，但老问题又出现了。一遇到重要的社交场合需要当众发言，她就开始担心自己不会说话又脸红，怕当众出丑，有时只好找借口推掉。因此失去了很多重要的机会。上司对此颇为不满，谭维也很痛苦。

在现代社会，人际交往被看作一个十分重要的问题，因为现代社会就是一个人与人相处的社会，如果你不能够正常地与人交流并相处，那么你在社会中就不会有立足之地。所以如果你存在沟通的心理障碍，必须马上消除它，这是当务之急。

那么现在就让我们来做一套测试题，看看你是否存在严重的沟通心理障碍。

（1）我是不是只要与人交流就会出现紧张和不安感，不敢与人交谈，甚至对视？如果迫不得已要面对面交流，就会面红耳赤，心慌心跳、不停出汗，明知没必要，却不能自控。

（2）我是不是连熟悉的人也害怕和他说话？总是想方设法找借口，拒绝参加这类聚会。平时极少与人闲聊和攀谈，甚至不愿主动与人通电话。

（3）我的性格是不是偏内向，从小就胆怯，过分注重自身在别人心目中的形象，是不是容易感到自卑？

（4）我是不是感到非常痛苦？虽然在人面前，我极力掩饰自己的缺点，却越掩饰越让自己显得不尽人意。

如果这样的情况在你身上出现，那么可能你需要寻求心理治疗。

其实，有沟通心理障碍的人，只要做好心理调节，一样可以从容自如地进行演讲。大家不妨试试以下方法：

（1）借助榜样力量

多阅读一些名人、伟人的传记（如：林肯、福特、诺贝尔、拿破仑等），用他们的成长和成功经历来激励自己，使自己树立起愿意改变的勇气和信心。这些人的事迹会产生一种榜样效应，使人不知不觉地模仿他们的一些积极的思想和行为。

（2）积极的自我暗示

每天利用10分钟左右的时间，让自己站到镜子前面，看着镜中自己的眼睛，对自己大声说：“我可以轻松自如地与别人交谈！”“我一定能够拥有一副好口才！”

每天晚上睡觉前，对自己说至少10遍“我接纳自己，我相信自己！”

不要间断，每次激励自己时，都要细细体验自己内心所发生的变化，感觉一下自己是否相信这些话。

通过这种积极的自我心理暗示，逐步改变内心中对自己的否定观念，学会悦纳自己，培养自己说话的信心。

（3）正确的自我评价

有的人患上沟通恐惧症是因为自卑，他们发现自己的弱点会夸大，以偏概全地来否定自己。其实，每个人资质不同，尽己所能即可。

（4）靠运动缓解紧张情绪

例如，两脚平稳地站立，然后轻轻地把脚跟提起，坚持几秒钟后放下，每次反复做30下，每天这样做两三次，可以用来消除心神不定的情绪。另外，也可深呼吸，以便缓解紧张的心情。

（5）情景练习

想要缓解恐惧心理症状，可以选择一些有把握的、不会使自己难堪的熟人交往，然后缓解忐忑不安的感觉，循序渐进地尝试着让自己适应，在接受和忍耐中学会适应。

每个人都怯场，你只需放宽心量

一只羊遇见一只老虎，它第一反应是逃跑，为什么？

因为羊有恐虎反应，它的潜意识告诉自己，这家伙很危险，自己很可能会受到攻击，甚至小命不保，这个恐惧叫应激反应。当我们演讲时，我们面前突然出现很多陌生人，我们自我保护的应激反应你不按键，它也会马上自动开启，恐惧反应不请自来，其实这是正常的，任何人都会有，只是呈现出的程度不同而已。

相信很多演讲者都有过怯场的经历，大家因此懊恼非常，认为自己胆子太小，非常没出息，为了战胜这种恐惧，很多人采用脱敏疗法来克制这种情绪。比如疯狂英语的李扬，他为了让自己上台演讲不怯场，曾蓄长发、打耳洞，强迫自己成为公共场合的“焦点”，强行去适应陌生人的目光。想来，用过类似方法的人也不在少数，那真是一段难以忘怀的经历。

事实上，我们不必太过忧心忡忡，就像前文说的那样，怯场是一种正常现象，这种恐惧是与生俱来的，每个人都会怯场。正如马克·吐温所说的：“世上有两种演讲者，紧张的和故作镇定的。”怯场并不可怕，可怕的是我们不敢正确面对它。

陈墨从小就不爱说话，因为母亲性格比较温和，所以只是与母亲沟通的多一些。陈墨的父亲比较强势，只要陈墨犯了错，非打即骂，尤其是家里来客人的时候，父亲对陈墨的要求更是十分严格，小小的陈墨在外人面前总是忍受着一种压抑退缩的情绪。

陈墨上学时的成绩普普通通，因为性格内向、腼腆，所以一般不会受到老师的批评，但也很少得到表扬，可以说没有多少人关注他。

陈墨毕业以后就进入了这家公司，工作任务不重，没什么压力，但陈墨的心理却放不开，总觉得自己很幼稚不成熟，没有自我感和思想，和同事们总是格格不入，不能融入他们；陈墨尤其在意别人对自己的看法和评价，遇到一些困难总是容易退缩，不敢放开自己去面对，在人多的场合很不自在，每次遇到开会和当众发言的情况，就无法放松下来，全身紧张；他面部绷紧，眉头紧皱，表情紧张，唉声叹气。喉咙像是被什么东西堵住了一样。

很多人都和陈墨一样，每每当众发言前都会非常担心，内心恐慌不安。他们害怕即将发生的事情出现最坏的结果，他们似乎时刻都在等待着不幸的到来。具有这种消极心理的人，总是有很强的挫败感，会认为某些尚未发生的事存在威胁。这种情况属于心灵成长退缩后引起的恐惧症，常表现为会议恐慌预期焦虑和当众演讲发言恐惧，这种怯场心理不仅会妨碍人的发展，还会损害身心健康，不过却并不难调节。

（1）控制住紧张源

心理学上将引起心理紧张的事物称作紧张源，要控制住怯场心理，就应该消除或制止导致怯场的外界刺激物。用豁达的心态、高度的自信来对待，还可以偶尔运用阿 Q 精神弱化紧张情绪，只要别把事情看得那么重，紧张源的作用就会被弱化。

（2）进行积极的自我暗示

当怯场心理出现时，及时进行积极的自我暗示，鼓励、安慰自己不要心慌。做深呼吸，缓解紧张情绪，抑制自己回避那些紧张源。这就容易使交感神经与副交感神经的机能得到调节，使得心理趋于平和，情绪得到稳定。

（3）适当的辅助调整

在临场前，让大脑得到适当的休息，如散散步、听听音乐等。如果之前情绪急躁或睡不好觉，可以在医师的指导下服用一点镇静药。

其实，每个人面对紧张和怯场，或许都有自己的处理方法，对于消除紧张心理，戴尔·卡耐基先生可以说最有经验，而在他的众多演讲经验中最基本的经验就是："你要假设听众都欠你的钱，正要求你多宽限几天；你是神气的债主，根本不用怕他们。"你也可以试试，挺胸抬头站直身体，然后信心十足地开始演讲吧！好似在座的每个人都欠你钱似的，你的演讲是在说服他们"还债"。这种心理暗示对我们会大有帮助。

总之，让我们勇敢地迈出第一步，做足功课，并不断地尝试。先为演讲做好充分准备，再为自己建立足够的自信心，然后使用一些特殊技巧，相信每个人都能成为有声有色的演讲家。

想一想，演讲会给你的人生带来多大收益

集中全力，时刻不忘自信与谈笑风生的说话能力对你的重要性。只要你想做好，你就能做好。只有这样，你才会真正地期盼所做的事情，而不会枉费心思地胡思乱想许多不相干的杂事。

萨特先生曾说，他所掌握的当众说话的技巧带给他莫大的快乐，这也正是他之所以能取得成功的原因。

国家现金注册公司理事会会长、联合国教科文组织主席艾林在《演讲季刊》中写了一篇题为《演讲与领导在事业上的关系》的文章。他在文中指出，在从事商业这行的历史中，有不少人是借着讲坛上的杰出表现而蒙受器重的。许多年以前，有位青年，当时是堪萨斯州一处小小分行的主管，去做了一场十分精彩的演讲之后，成为了公司的副总裁。而现在他已是当今国家现金注册公司的总裁。

能从容不迫地站起来面对听众侃侃而谈，会使人的前途无可限量。美国汉弗公司总裁亨利·伯莱斯通认为："和人们进行有效的交谈，并赢得合作，是每一个正在努力追求上进的人所必须具备的一种能力。"

想一想，当你充满了自信地站起来与听众共同分享自己的思想和感受时，是多么满足和舒畅。其实，用语言的力量影响全场听众的那种愉悦

感，是其他任何事物都难以比拟的。它能带给人们一种力量和强劲感。有人曾经这样说过，发表演讲的最初两分钟即使挨鞭子也无法开口，但到临结束前的两分钟，宁可吃枪子儿也不愿意停下来。

现在就请闭上眼睛想象一下：面对着很多的听众，充满自信地迈步走上讲台，听听你开场后全场的鸦雀无声，感觉一下你深入浅出、一语中的对听众的全神贯注，感受你离开讲台时掌声的热烈与温馨，并微笑着接受大家对你的赞赏。

学习有效面对人群讲话，其好处不仅仅是可以做正式的公开演讲。事实上，即使一个人一辈子都不需要正式的公开演讲，但接受这种训练的好处仍然是多方面的。例如，当众演讲的训练，是帮助人们培养自信的方法。

大西洋城的外科医师兼美国医药学会的前会长大卫·澳莫博士，曾为当众演讲的好处，开列了如下处方：

为了能够让别人走进你的脑海和心灵，一定要培养一种能力。试着面对单独的人或者在众多人面前清晰地表达自己的思想和理念。当你通过这样的努力而不断进步时，便会发现：自己正在塑造一种崭新的形象，这种形象会让周围的人大吃一惊。从这个处方中，你会得到双倍的好处。当你开始对人讲话时，你的自信心也会随之增强，而性格也会越来越温柔和美好，这将意味着你的情绪已渐入佳境。既然情绪已渐入佳境，身体自然也会跟着好起来。在这样一个竞争如此激烈的年代，无论男女老少，都需要当众讲话。他十分清楚它给健康带来的好处。只要有机会便对几个人或更多的人说话，这样就会越说越好，同时也会感到神清气爽，感觉自己完美无缺。这些都是训练之前体味不到的。这是一种畅快、美妙的感觉，没有任何药物能给你这样的感觉。

集中全力，时刻不忘自信与谈笑风生的说话能力对你有多重要：想想因此而结交朋友，在社交上对你的重要性；想想自己服务人群、社会、教堂的能力将会大增；想想它在你事业上将会造成的影响。简言之，它正为你未来的领袖群伦而铺路。

哈佛大学最杰出的心理学教授威廉·詹姆斯曾写过6句话，这6句话很可能对你一生产生深远的影响。这6句话是阿里巴巴勇敢的开门口诀：“几乎不论任何课程，只要你对它满怀热忱，就可确保无事。假如你对某项结果足够关心，你自然一定会达成。如果你希望做好，你就会做好。假若期望致富，你便会致富。若是你想博学，你就会博学。只有那样，你才会真正地期盼这些事情，心无旁骛地一心盼想，而不会费许多心神再去胡思乱想许多不相干的杂事。”

因此，想象自己成功地做着目前自己所害怕做的，全心全意地想着自己能够当众说话，并获得接纳时会有怎样的利益。牢记威廉·詹姆斯的话：“倘使你对某项结果足够关心，你自然一定会成功。”

只有选择相信自己，你才能激发出勇气

对自己的语言能力没有信心，这是当众说话中存在的非常普遍的问题。

很多政要、名人、艺人、知名企业家，第一次站上演讲台，开口的第一句都是：“其实，我很紧张，很没有自信。”可见，当众讲话没有自信并

不是个例，这是几乎人人都会有的心理反应，可是你不能让它成为一种严重的心理障碍，因为这对你的人生势必会产生极大的影响。

拿破仑·希尔指出，很多思路敏锐、天资聪慧的人，却无法发挥自己的长处，就是因为他们不善于表达，并不是他们不想表达，而只是因为他们缺少信心。

在公司会议中沉默不语的人都认为："我的意见可能没有价值，如果说出来，不但不会被采纳，还可能被别人取笑愚蠢，我还是保持沉默吧。我并不想让他们知道我是这么无知。"这些人常常自欺欺人地对自己许下诺言："等下一次找机会再发言。"但事实上，他们自己心里也清楚，到了下一次，他还是会选择沉默寡言。每次这些沉默寡言的人不发言时，他就中了一次缺少信心的毒素，他会越来越丧失信心。

自信和勇气很容易丧失，其实也很容易获得。这并不仅仅是局限于少数的天才，就像炒菜的技巧一样，只要你愿意盯住目标去做出努力，你就能够把它们发展出来。

美国著名演讲家基恩先生，小时候因为自己是个黑人而十分自卑，他从不敢在众人面前说话。

那天，他遇到了一位卖气球的小贩，这个小贩每当生意不好时，就向天空放飞几只氢气球，借此吸引周围的小孩子，小孩子们会争相来购买五颜六色的气球，不一会儿，生意就好起来了。

有一次，在小贩放飞气球时，基恩在一旁围观，他一直注视着天空中一只黑色的气球，一言不发。聪明的小贩立刻明白了，他知道，在黑人小孩眼中，黑色代表肮脏、卑微和低贱。小贩走近基恩，对他说："孩子，黑色气球能不能飞上天空，在于它心中有没有想飞的那口气，如果气足够，它就一定能和其他颜色的气球一样飞上天空，做人也是一样，只要相信自己能行，就一定能行。”

小贩的一席话深深触动了基恩，他开始相信，只要气足够，就一定可以像黑色气球那样飞上天空。在以后的岁月里，基恩一直告诉自己一定能行，渐渐地，自信变成了他的一种习惯，引领他走向人生的巅峰，成为美国极负盛名的演讲家。

如果我们愿意赋予自己自信，我们就能够自信起来。我们需要在日常生活中有意识地培养自己当众说话的勇气。

（1）提高你的声调

不自信的人说话声音都很小，他们不敢大声说话，似乎觉得那不是他们的权利。你应该把自己说话的声调提高，这会使你渐渐相信，你有说话的权利。

（2）大胆正视对方

人际沟通不能没有眼神的交流，与人说话时非常忌讳眼神飘忽不定，一直飘动在对方之外的东西上。不自信的人往往“忘了”这一点。不正视别人通常意味着：在你旁边我感到很自卑；我感到不如你；我怕你。这是很不好的信息。当然，你也不能瞪着对方看，最主要的是要让对方知道你的真诚与自信。

（3）强调自己说话的权利

在你说完话以后，别人如果没有给予回应，那么一定要再重复一遍，以此提醒他，你正在和他说话，即便出于礼貌，也必须做出回应。别人打断你的话时，要继续把话说完，千万不要以此为借口，又回到沉默寡言的状态。

（4）练习当众发言

从心理学来说，如果尽量发言，就会增强信心，下次当众发言也更容易。所以，就算是强迫自己，也要让自己多发言，这是信心的“维生素”。

如果你是公司职员，不论是参加什么性质的会议，请每次争取主动发言，评论也好，建议、提问也罢，最重要的是敢于让自己把话说出来。而且，不要做躲在最后随声附和的那个，要做破冰船，第一个打破沉默。也不要担心别人会认为你无知、愚蠢，不会的，因为总会有人同意你的见解。所以不要再对自己说："等下一次找机会再发言。"用你的发言吸引会议领导的注意，你的机会想必离你就不远了。

实际上，就是这么的简单——正确看待自己，大声说话，看着对方，让别人注意自己，反复练习……就像改变其他行为一样，刚开始的时候可能会觉得难为情，但慢慢的，当你逐渐克服讲话时的自卑心理以后，你就会发现自己变成了另外一个人。

愿意强迫自己，你就能克服演讲恐惧

没有哪个人是天生的大众演讲家，所以对于当众讲话，很多人都心怀忐忑。调查表明，95% 的人都害怕当众说话。

沃伦·巴菲特，没错，就是那位股神，他曾有一段鲜为人知的糗事。

巴菲特上大学的时候，学校给他们设置了一系列课程，他当时特别想选修"演讲与口才"这门课程，因为那个时候的他和很多人一样，存在人际沟通障碍，最后，还是因为人际沟通障碍，他不得不放弃了这门课程，他坦白，放弃是因为自己实在缺乏上课的勇气。

后来，他甚至达到了这样一种程度——在选课时，尽量选那些不需要在人前发言的课程，没错，是巴菲特，是他在逃避。

21 岁那年，巴菲特在奥马哈从事证券工作，工作性质使然，他每一天都要当众讲话，那个时候他真的非常难受。但硬着头皮周而复始的演讲，他竟然硬生生把自己给锻炼出来了。

很多年以后，巴菲特在接受一家媒体采访时，道出了这件陈年糗事，他说自己年轻时真的特别害怕当众说话，尴尬极了。

后来，在一次采访中，有记者问他："您觉得在 20 岁到 30 岁的时候，养成的哪些习惯是您获得成功的基石？"

巴菲特回答："人与人之间的沟通能力以及演讲能力，是我在这一时期获得的最大的宝藏。"他表示，自己很感恩当年工作中的"不得不"，居然硬是把演讲能力给练了出来。

所以说，恐惧面前，当你勇敢地踏出第一步，你就会发现，演讲其实真的没有那么恐怖。

实际上，任何害怕的理由都是虚幻的，你以为面前荆棘丛生，实际上都是纸老虎。想获得自信、勇气和面对公众发表演讲时冷静而清晰思考的能力，并不像大多数人所想象的那么困难——甚至可能不到其想象的十分之一的困难。有了豁出去的勇气，你就可以在没有门的情况下打开一扇窗。

卡耐基先生从几十年的教学经验中得出这样一个结论：当众说话很容易，你只要掌握一些简单而重要的原则就行了。

刚开始时，他也一样无知。那时人们所用的教学方法，就是他在大学中教授们教他的方法。但很快卡耐基就发现用这种方法教那些商界人士根本就行不通。即使用当时一些演讲名家，如韦伯斯特·伯克彼德、奥卡纳尔等人的一些方法也不行。因为这些学生是一些商界人士，他们需要的只是有足够的勇气在商务会议上站起来，清晰连贯地表达自己的思想。所以在万般无奈之下，卡耐基只有抛开所有的教科书，用一些简单的概念，首先教他们克服当众讲话的恐惧感，终于取得了一定的效果。

有一位成功的企业家叫哥尔特。他曾经有许多在公众面前说话的机会，但在潜意识中十分恐惧，他总是试图躲避与人正面交流。可现在他是大学的董事会主席，这个职务要求他必须经常地主持各种会议。哥尔特的年纪已经很大了，对能否学会演讲总是抱着怀疑的态度。

后来他掌握并逐步尝试了克服恐惧的方法，终于成功获得演讲的能力。他所负责的教区曾经邀请英国首相来做公开演讲，而负责向听众介绍这位杰出政治家的人就是哥尔特自己。

几年前，一位家庭医生克狄斯大夫，前往佛罗里达州度假。度假地离著名的巨人棒球队的训练场地不远，克狄斯大夫是一位铁杆球迷。他经常去看球队练习，渐渐地他就和球员们成了好朋友。一天，他被邀请参加次球队的宴会。吃饭前，宴会的主持人请他就棒球运动员的健康情况谈一谈自己的想法。

克狄斯是专门研究卫生保健的，他行医也已30多年。对主持人提出的这个问题，他根本不用做任何准备，就可以侃侃而谈。可是，在这种场合下，他还是第一次。当听到主持人提到自己的名字时，他的心跳立刻加快，简直不知所措。他努力想使自己镇静下来，可无济于事，他的心脏仿佛就要跳出胸膛。这时参加宴会的人都在鼓掌，全都注视着他。怎么办？再三思虑之后，他摇摇头，表示拒绝。但却引来了更热烈的掌声，听众也自发地呼喊起来。

克狄斯心里清楚，在这种极其沮丧的情绪支配下，自己一旦站起来演讲，肯定会失败，更有甚者可能连五六个完整的句子都讲不出来。他只好站起来，背对着朋友，默默地走了出去，心中充满了难堪和耻辱。

他迫切希望提高自己的公众演讲能力。正是这种迫切性，使他毫无怨言地通过刻苦学习来建立当众说话的自信心。慢慢地，他的紧张情绪消失了，他已成为班上的演讲名家，并开始接受邀请，到各地去演讲。

现在，克狄斯说他非常喜欢演讲时那种欣喜的感觉以及所获得的荣誉，更让他高兴的是，在演讲中结交到了更多的朋友。纽约市共和党竞选委员会的一名委员，在听过克狄斯大夫的演讲后，马上就邀请他到各地为共和党发表竞选演讲。

当众演讲的恐惧大多数人都有，这极大地抑制了人们自身具备的语言潜能的发挥，也使其公众形象在一定程度上打了折扣。实际上，恐惧只是一层窗户纸，如果我们能像哥尔特和克狄斯先生那样勇敢地捅破它，当我们面对再多的人侃侃而谈时，也就无所畏惧了。

紧张心理，是一个亟需解决的问题

紧张，每个人都会有的情绪，当众讲话紧张，也是一个普遍性的问题，并不仅限于我们这些普通人。

前些年，纽约举行了一个世界演讲学大会，参会的都是来自世界各地的演讲学教授，他们将在大会上发表自己的学术论文。当时，有个教授因为害怕自己的观点得不到同行认可，影响学术形象，心里非常紧张，刚上台还没有讲话，就晕倒在了台上。排在他后面的教授，本来正在心里反复酝酿着自己的发言，一看到他晕倒了，还没登台呢，也晕倒了。这显然都是过度紧张造成的。

戴尔·卡耐基毕生都在从事口才培训工作，他认为，当众讲话最大的障碍就是心里紧张。他说："我一生几乎都在致力于帮助人们克服登台的恐惧，增强勇气和自信。"显而易见，对于想拥有良好口才的我们来说，紧张心理是一个急需解决的问题。

（1）回避令你紧张的目光。人在与陌生人对视时，最容易产生紧张心理。所以当众讲话时，如有必要，你可以转移目光，或者采取流动式的虚视方法，有意识地回避目光对视，这样将有利于你保持良好的心理状态。

（2）让身心松弛。在当众讲话之前，运用深呼吸松弛紧张情绪是个简单有效的方法。具体做法是：以放松的姿势站立，将目光随意地伸向远方，全身放松，做深呼吸。这个方法对调节讲话前的紧张情绪有立竿见影的效果。

（3）转移注意力。如果你在讲话前大脑异常的紧张，可以有意识地把注意力转移到某个具体事物上．比如，可以欣赏会场婀娜多姿的礼仪小姐，也可以与身边人闲谈，借以冲淡紧张的情绪。

（4）积极的自我暗示。比如当众讲话之前，可以这样暗示自己："就像和家人聊天一样，没必要紧张。""我准备得很充分，很有信心。"通过自我的暗示，从而缓解紧张的情绪。

期望强度，能帮你弱化当众讲话的难度

无论任何人，如果他希望迎接语言的挑战，使自己能言简意赅地讲话，就必须具备坚强的决心。

无论做什么事情，要获得成功，必须要有坚定不移的决心，当众说话当然也不例外。无论它对于你来说有多大的难度，你都应该积极地去设想："有志者事竟成"。你一定要对自己在听众面前说话的努力成果保持轻松乐观的看法。你一定要把决心印记在每个句子，甚至每个词语上，落实在行动上，竭尽全力地来培养这种能力。无论任何人，如果你希望迎接语言的挑战，使自己能言简意赅地讲话，就必须具备坚强的决心。

在美国商界，有一位传奇人物。他在读大学时，有一次老师规定 5 分钟演讲，可他还没讲到一半，就脸色发白，匆匆走下讲台。这是他人生中的第一次公开演讲，结果失败了。但他不甘心被这次失败击倒，于是立下决心，一定要做一位优秀的演讲家。他没有食言，最终他成为了美国政府的经济顾问，为世人所敬仰，他就是克劳莱斯·毕拉德。毕拉德的故事说明，演讲成功的关键是要有成功的决心。

约翰·哈佛斯狄是美国西部一个口才培训班的学员。他第一次站起来就信心十足地说，他要做"全美房屋建筑商"的代言人。他最想做的就是

能在全国从事宣传工作，告诉人们他在房屋建造中遇到的问题和获得的成功。约翰·哈佛斯狄真的做到了。他是那种让老师感到非常高兴的学生，有着对理想的狂热追求。他还说，他想到全国各地做巡回演讲，演讲的内容不只是地方性的问题，还包括全国性的问题。于是他十分详细地准备演讲，上课也认真地练习，即使是遇到一年中最忙的季节，他也从来不耽误一次课。结果他进步的速度连自己都吃惊，两个月以后，他已经成为班上的佼佼者。一年后，他的照片经常出现在当地的报纸上，他的演讲也受到了很多人的欢迎，许多电视台还专门采访他。

有一次，在一个广播节目上，主持人要他向大家讲述一下他成功的经验。约翰只用了简短的 3 句话来说明他人生中学到的最重要的东西。他说自己学到的最大的教训是：一个人的所思所想非常重要。你若能知道一个人的思想，就能了解一个人，因为一个人的思想造就了一个人。借着改变自己的思想，每个人也能改变自己的一生。

因此，要想成功，必须具备的条件是：以欲望提升热忱，以毅力磨平高山，以及相信自己一定会成功。

那么，当你面对听众心里恐惧时，就应想起不朽的恺撒精神——征服，前进。把你的眼睛只盯在增强信心和做有效交谈的目标之上，你一定要积极而非消极地想着，自己的这番努力终会成功。

心理学有一个叫“期望强度”的概念，意即一个人在实现自己期望达成的预定目标过程中，面对各种付出与挑战所能承受的心理限度，或曰其期望的牢固程度。克服恐惧也是如此：要成功，必须有强烈的成功欲望。如果一个人期望的强度太脆弱，最终会因无法应对残酷的现实或自身缺点的挑战而半途而废。只有那些一定要成功的人，他们因有足够牢固的期望强度，所以能排除万难，坚持到底，永不放弃，直到成功。

成功不是来源于想要，而是一定要。如果仅仅是想要，可能我们什么都得不到，如果是一定要，那就一定有方法可以得到。成功来源于我要。我要，我就能；我一定要，我就一定能。100% 的意愿，100% 的期望强度，强烈的成功欲望，这一切都在向我们证明：是决心，而不是环境在决定我们的命运；只有决心，才最终决定成功。只要下定决心，就能克服任何恐惧。因为除了在脑海中，恐惧无处藏身。

现在，去拿陌生人做强化训练吧

如果你很难开口大胆地当众演讲，或是你觉得无论到哪里都很孤独，没有人想跟你说话，以下就是一些帮助你建立自信的练习方法。你可以在任何地方、任何时间做练习。

（1）练习在电梯里和人谈话

你有没有注意过，在电梯里人人皆是噤声站着、直视前方？这似乎是个不成文的规定，限制我们在电梯中彼此交谈。其实这是谁定的规矩？难道是大楼的管理办法吗？

其实，电梯提供了一个让人简短招呼的绝佳场所。只需要简单的眼神接触、微笑，同时说“嗨，今天天气真好”或“这电梯真慢”，无论什么话都能打破沉寂。这是一招零风险的练习，你大可以满怀自信地去做。因为你很明白，待在电梯里就那么一分钟，或许你永远不会再跟这些人碰面。这个点子是针对“与陌生人交谈”做简单的练习，不是叫你一定要去做和人家接洽生意或是结成终身莫逆（虽然这也可能发生）。

下次你进了电梯后，可以来一个最大胆的“亮相”尝试：你不要直着走进去、立刻转身背对众人——把你的背紧贴着电梯门，脸正对着整个电梯里的人。大家会以为你发神经了，但是你可以直接告诉大家：“我正在上一门名为‘如何克服羞怯’的课，其中有一项作业就是要在电梯里练习面对众人。”我保证你能博得众人一笑，而且你会充满自信地离开电梯。

（2）练习长一点的会话

从今天起，请在银行或超市排队时跟别人说话。在超市结账时，你可以指着画报上的小道消息说：“我前几天在一家自助洗衣店看见过某位明星。”有时候交谈也可以仅止于一声“嗨”，当然，你可能不会以这种方式找到你所爱的人或是你梦想的工作，但是经常做这种练习，会让你习惯与陌生人讲话。

（3）练习和比较不胆怯的人谈话

你可以在快递公司的快递员、承办宴会的服务生或是修车厂技工的身上，练习你的胆量和口才。这些人由于职责所在，理当很有礼貌，你可以和他们做有趣的交谈。他们和你生活中的任何人一样重要，同时也可以变成你珍贵的伙伴。

（4）请尝试单刀直入的方式

为何要躲开那些胆怯的人呢？你可以大胆走向他们，说：“我一直想跟你说话，但是我很怕接近你。”此语单刀直入，切入对方的自我中心，他们会无法抗拒地问你何以如此。这不仅让你开始了一段谈话，还是种最有效率的沟通方式，省了一堆繁文缛节。

（5）练习学会去冒险

多去参加艺廊的开业典礼，并向艺术家道贺。在商场上一旦你听到什么人做了什么有趣的事，请拨打个电话给他（你可以从期刊上得知消息）。你也可以去听一场你熟悉的主题演讲，主动向主讲人介绍自己。尽量接近成功的人，向他们表达赞美恭维之意，如此就能为你开启机会之门。

（6）从谈话中去寻找乐趣

生命充满乐趣，没有什么事必须严阵以待。我们生而为人，是为了要拓展自己、自由思考、全心相爱，这个过程满是乐趣。

积极把新朋友带进你的生活，其收获是让生活得以扩展。这意味着，你的生活将满是新点子、新朋友和新机会；如果你不开金口、不说一声“嗨”，是无法得到的。所以，不要害怕，勇敢地运用你的沟通潜能。

CHAPTER 03

开场：
一句话怦然心动，30秒引人入胜

有道是“好的开始，等于成功了一半”。所以，演讲要出彩，必须开好头。然而又有道是“万事开头难”，演讲也不例外，开个好头，确实不易。演讲开场，是否独特新颖，是否抓人心灵，是否具有艺术性，将直接影响演讲的效果。所以，如何做好演讲开场，如何做到一鸣惊人，演讲者必须精心设计。

演讲之前你要明白，你的听众想听什么

每个人从小学起就有这样的经验，写作文，最怕的就是文不对题。“演讲”也是这样，最忌讳“南辕北辙”。试想，假如你是位数学老师，却在课堂上大谈历史；面对农民，你却对航天科技滔滔不绝；领导因产品销路不畅心情不好，你却对本单位的管理问题大加分析。可能你讲得很对，有时也很有道理、很有价值，但人家不需要。“对牛弹琴”的结果顶多不过是白费点力气，可你的交流对象是人，有时还是掌握你命运的上司和领导，假如你真的这样说了，后果可能就远远不是白费点嘴皮子那么简单了。

在美国，神学院毕业的学生，必须要到乡村教会去当一定时间的牧师，一来可以丰富他们的工作经验，二来可以锻炼他们的韧性和毅力，为他们日后能够更好地宣传神学和发展打下基础。

有一位成绩和各方面表现都十分突出的学生，从一所著名的神学院毕业后，自愿到一个以牧业为主、生活十分艰苦、人们的认识还比较落后的村庄去担任牧师。为了使那里的人们很好地接受自己，并扩大自己的影响，从而使得人们能够更好地领会神的旨意，他准备召开一个布道大会。经过紧张而又繁忙的准备之后，他的布道大会如期召开了。但令他失望的

是，他等了足足一个上午，却只有一个牧童来到了会场。他心灰意懒，准备将布道大会取消，但为了不让牧童反感，他主动向牧童征询意见，结果牧童说：“亲爱的牧师先生，要不要取消大会我不知道，但我知道一件事，在我所养的100只羊中，就算迷失了99只，只剩最后一只，我还是要养它。”年轻牧师顿有所悟，决定大会如期举行。牧师使出浑身解数，对这位牧童全力进行灌输，想不到这位牧童竟然睡着了。

牧师非常难过，却又不好意思叫醒牧童，结果他又等了整整一个下午。

到了黄昏，牧童醒了，牧师就迫不及待地问牧童：“你为什么睡着了，难道我讲得不好吗？”牧童回答说：“亲爱的牧师先生，你讲得好不好我不知道，但我知道，当我在养羊的时候，绝对不会拿我最喜欢吃的汉堡给羊吃，而要拿给羊最想吃的牧草。”牧师经过一番思考，终于大彻大悟。

过了不长的时间，这位牧师成为了全美最著名的牧师。

有的人认为，这位牧师的布道大会失败了，因为他在大多数人们不需要布道大会的时候举办了布道大会，并且对唯一的一位参加者讲述了人家并不需要的内容；也有的人觉得，他的布道大会成功了，因为他明白了只有从人们的需要出发对人们进行引导，才能把神学发扬光大。事实上，正所谓“成也萧何，败也萧何”，牧师布道大会的失败在于他忽视了人们的需要，牧师后来能够成功则归功于他重视了人们的需要。

还是让我们回到“演讲”的主题上来吧。人世间有很多道理是相通的，做事需要我们考虑别人的需求，演讲也必须要重视听众的需要。

因此，在演讲之前，你要明白，听众想听什么、爱听什么、最需要什么，否则，说了还不如不说。也就是说，要揣摩听众的心理。

首先，你要了解听众。当然，你不需要像一个侦探一样事无巨细，因为你需要的不是他们的全部。只需留心他们所在的社会阶层、文化层次、经济水平、人生困扰等方面即可。

然后，你要关注他们的现状。你给别人演讲，这应该是有目的的，你知道对方的现实问题和急需之处后，再说的时候就不会无的放矢。

最后，你要为他们提点建议。演讲，总是有一定内容的，而且这些内容必须倾向于为对方解决问题，创造未来。也许你说的东西不一定非常管用，但没关系，至少你“演讲”的目的已经达到，你们的关系也会因为良好的交流变得密切。

以精彩语句，把自己介绍得格外有趣

正式演讲的首要任务就是自我介绍。阿姆斯特朗在登月的时候说“我此时的一小步是人类的一大步”，这就是自我介绍。自我介绍非常重要，每个人都需要做自我宣传和自我推销，要很好地推销自己，要不厌其烦地一遍又一遍地介绍自己，才会让别人留下深刻印象。

“我叫陈青梅，熟悉的朋友都会直接叫我青梅，就是青梅煮酒论英雄的青梅。我人如其名，比较开朗大方，偶尔还会来点儿小幽默。我爱好烹饪和阅读，不过朋友都取笑我说，‘如果偶尔煮煮方便面，闲时翻翻美容杂志就算爱好阅读的话，那你还真是实至名归。’此外，我还喜欢音乐，爱听胡彦斌的歌，每个月会去一两次 KTV，朋友们都说我是在用灵魂去唱歌。

“呵呵，跟大家开个玩笑，不过我还真是爱好广泛，相信跟很多人都能聊到一块儿。希望借今天这个平台，能结交到更多的朋友。”

这是在一次联谊活动中陈青梅的自我介绍，活泼幽默的语言让人印象深刻，一下子和听众拉近了距离。

在日常的人际交往中，初次见面的人总免不了要做自我介绍。在一般性的社交场合，如果你并没有和对方深入交往的愿望，做自我介绍时只需要向对方表明自己的身份。但在演讲时，我们必须要一鸣惊人，给听众留下深刻的印象，这时自我介绍就要“出彩”，下面就给大家介绍几种比较具体的方法：

（1）巧解自己的姓名

自我介绍首先要介绍自己的名字，并对“姓”和“名”加以解释，你解释得越巧妙，听众对你的印象就越深。这可以反映一个人的知识水平和性格修养，也可以体现一个人的口才。

一个人的姓名，往往有丰富的文化积淀，或折射出凝重的史实，或反映时代的乐章，或寄寓双亲对子女的殷切厚望。因之，巧解姓名有时也令人动情，加深印象。

在全国“荣事达”杯节目主持人大赛中，一个名叫潘望的主持人是这样自我介绍的：“我叫潘望，早在孩提时代，我那只有小学文化的军人爸爸和教小学的妈妈就轮番地叮嘱我：‘望儿，你可是咱们家的希望啊！’为了不辱使命，肩负着双亲的重托，我脚踏实地、一步一个脚印地走来，直到今天，走到这个国家级的最高赛场，但愿教师们能给我这只盼望飞翔的鸟儿插上奋飞的翅膀。”

在潘望的介绍中，父母的心愿并列呈现，谁不为之心动？

（2）自嘲容貌

林逍遥是一个个子不高、戴着眼镜的电视节目主持人。他在参加一次公众活动时是这样向听众介绍自己的："单看咱这形象，不如在电视中那么闪闪发亮，眼不大还有点近视，但这丝毫不影响我的睿智与远见；耳朵虽小，更提醒我要耐心倾听观众的心声；嘴巴也不气派，正说明我不夸夸其谈，唢呐和号角的孔都不大，但同样能怒吼与呐喊；个子虽然矮小了点，可'浓缩的都是精华。'有人说缺点在一定条件下也会成为优点，这话难免有些夸张，但'缺点在一定条件下会成为特色'则是毋庸置疑的。"

林逍遥没有使用"老掉牙"的方式来介绍自己，而是借自嘲容貌的方式，把一个形象生动、个性鲜明的自己推到了听者面前，自然地让人对他一见难忘。

（3）自我揭短

清华经管院初创时，20 岁的马云经过第三次高考才被杭州师范学院录取。30 年后，这个其貌不扬的企业家站在数千名清华学霸及其家人面前演讲。

在演讲中，马云介绍自己时说"高考我并不算很成功，考了几年，我数学 1 分那是真的，第二年考 19 分，第三年考了 89 分，但我从来没放弃过。"

马云在这里自我揭短，是为了说明一个道理，"这社会上永远充满变化，永远充满着各种奇迹。"并由此引申出对清华学子的忠告："你们已经有良好的起步、良好的机会、有很好的基础，但未必有基础的人会赢，未必你今天跑得快的人还是能走得很快，这世界就像足球一样，是圆的。所以大家记住，今天你最好，未必明天最好，今天你最差，社会给了你很多的机会，只要你把握，只要努力总会有机会。”

（4）借与名流相比加深印象

曹菲是一名记者，在一次聚会上，由于和大部分人是第一次见面，她在发言中是这样自我介绍：“我喜欢写诗，可写不过舒婷；我喜欢唱歌，可唱不过毛阿敏；我喜欢主持节目，她俩可能比不过我……”这么一说，就会使别人感到她颇为幽默。

曹菲巧妙地把自己与名人相比，既显示了自己的才能，又显示了语言幽默的特点，博得了大家的好感。

（5）借助地域

通过介绍家乡地域风情景物名优特产的某些特性，巧妙地烘托自己的个性，也是一个好方法。如果地域、家乡名优特产突出，就应从中推衍、阐发出与自己个性相关的内容；如果特产不明显，不特殊，那就挖掘地方特色，将地方特色与自己的个性巧妙结合起来。

一个来自云南的演讲员这样介绍自己：“尊敬的评委老师，我来自云南。也许老师们会感到惊诧，‘云南是阿诗玛的故乡，是个佳丽辈出的地方’，但是老师们千万别忘了，云南也是大理石的故乡，相信老师们能从我身上看见大理石的朴实、厚重与刚强。”

这个演讲员以云南盛产大理石这一特产为生发的对象，由大理石的性质、特性引申到自己身上的“朴实、厚重与刚强”，显然自然贴切，不露痕迹，突出了自己的性格、本色和特征。

自我介绍也是一门学问，得体是基本要求，“出彩”是关键。自我介绍要独辟蹊径，从出人意料的独特的角度，采用生动活泼的语言把自己介绍给听众。出色的自我介绍让你在初次“亮相”时就撞出个“碰头彩”，使你在演讲中更有吸引力，增强听众想要听你讲下去的愿望。

第一句话就说到听众的心坎里

如果你一开口就一板一眼地演讲，再加上一脸严肃的样子，很容易给人一种呆板感，仿佛是“老干部”在讲话。这样的演讲，整个过程索然无趣，自然不会受到听众的认可。

那么，要怎样开头？其实就一条原则：必须引发听众兴趣，吊起听众胃口，使听众产生“必须听下去”的好奇和冲动。如果能做到这一点，就是成功的开场，就能轻而易举地抓住观众，就能演绎一场满堂喝彩的演讲。

尽管演讲的开场方式没有固定模式，但千百年来，伟大的演讲者们为我们留下了多种多样的技巧和方法，都是经典。下面，先给大家讲解一下“开门见山”的开场艺术。

所谓开门见山，就是演讲直奔主题，不拐弯抹角，不做冗余的外围铺陈，直截了当切入重点，避免因扯远而影响开场效果。如吴伯箫《记一辆纺车》的开头：

“我曾经使用过一辆纺车，离开延安那年，把它跟一些书籍一起留在蓝家坪了。后来常常想起它。想起它，就像想起旅伴，想起战友，心里充满着深切的怀念。”

这个开篇，主题鲜明，直截了当：怀念在延安使用过的一辆纺车，这辆纺车被作者寄予了很深的情怀，意义非常，必定有动人的故事。这样的开场一落笔就主题突出，因而极富吸引力。

又比如，笔者在这里给大家讲解演讲的开场方式，一开头就直接指出，“必须引发听众兴趣，吊起听众胃口，使听众产生‘必须听下去’的好奇和冲动”。之后抛出大量干货，你就会有读下去的兴趣，顿时觉得笔者的讲解的确很实用。

“开门见山法”主要适用于较正规、庄重的应用性演讲场合，因为其简单直接、有力有效，一直被优秀的演讲者们所喜爱和使用。

如黑格尔《美学》演讲的开场白：

女士们，先生们，这些演讲是讨论美学的，它的对象就是广大的美的领域，说得更精确一点，它的范围就是艺术，或者毋宁说得更精确一点，就是美的艺术。

这样的开场，使听众对演讲的主题一听了然，“爱美”的人会马上将注意力集中到演讲上。

而闻一多在《最后一次演讲》中是这样开场的：

这几天，大家晓得，在昆明出现了历史上最卑污、最无耻的事情！李先生究竟犯了什么罪，竟遭此毒手？他只不过用笔写写文章，用嘴说说话，而他所写的，所说的，都无非是一个没有丧失良心的中国人的话！大家都有一支笔，有一张嘴，有什么理由拿出来讲啊！为什么要打要杀，而且不敢光明正大地来打来杀，而偷偷摸摸地来暗杀，这成什么话？

这样的开场直言不讳如雷贯耳，能一下子就激发听众共鸣，可以以最快时间和极高概率抓住听众。

大体上说，运用开门见山法需要注意的是：

第一，表达要直指主题，直指问题，语言要清晰、简洁、明了，直截了当地说明演讲目的、发现了什么问题、要解决什么问题，主张什么，反对什么，有什么价值等。

第二，注意使用强烈抒情色彩的措辞或表明自己的主要见解的措辞。

第三，要针对听众的心理，抓住听众的思想感情和倾听兴趣。

技巧性提问，不露声色叩开听众心门

以提问形式为演讲开场，怎么看都是一个非常不错的方式。开场提问能够激发好奇心并让听众与演讲者一起进入思考，而思考会将你的主题更加紧密地和听众互动起来，事实上，这正是我们所期望的。这种方式就像一把钥匙，能开启听众的心门，使我们进入他们的心中。

一次，费翔现身“好男儿”星光课堂，以老艺人身份为 8 个赛区 48 位好男儿进行演讲。

费翔进场时全场起立表示欢迎，他却一脸严肃，直言不讳地问选手：“想出名的请举手。”现场所有“好男儿”纷纷举手。费翔以此为题，开始了演讲部分。

一位口才培训师为学员们布置了一篇名为《你心中的另一半》的演讲，在为学员破题以开阔思路时，培训师讲了这样一段话，引起了学员的兴趣：

我想问问同学们，大家都渴望爱情吗？当然，已婚和已恋爱的同学除外。那么再换个方式问大家，在座的各位都有女朋友或男朋友了吗？不知道至今未婚目前单身的同学有没有想过，在你心中，将来与你一起“吃喝玩乐，相濡以沫”的另一半是什么样子？毫无疑问，每个人心中都有一个完美的女神或男神。接下来，就请各位同学上台说说你心目中完美的另一半吧。那些已婚、已恋爱的同学不必顾虑，请相信，我们这些单身汪会为你们保密的。

这样的提问式开场，煽动性强，互动性也强，很容易调动听众的兴趣，使他们积极地参与进来。

再来看看老舍先生《文学创作和语言——在作协湖南分会办的文学讲座上的报告》开场白：

文艺要干些什么呢？是要创造。它不像工厂那样制造出大量的，一个样子的产品。文艺作品是多种多样的，五光十色的。作家虽然不能随便在大地上添一座山，加一道河，我们还没有那么大的本事；但能创造人。这一点作家和上帝差不多。《红楼梦》中那么多姑娘，梁山泊上那么多好汉，都是我们的同行老前辈创造出来的。历史上并不一定有那些人，有些人不见经传，但比之见经传的还更突出，更能传诸不朽。我们现在见了一个弱不禁风的姑娘，就管她叫林黛玉；一个横冲直撞的小孩，就叫他猛张飞。世界上本没有那么个人，我们给他添一个。这就是作家的创造。创造是不容易的。解放后我们的小说、戏剧创作有很大成绩，但是究竟创造了多少人呢？我看的东西不多，能说得上来的，如赵树理等同志的小说，是有人物的，他们活在我们的心中，就是世界上那么多小说、剧本，创造了多少？我看也很有限的。我们讲提高，不从创造下手便不能提高，因此，应在这方面努力。

老舍先生的这个开头，连续三次强势发问，然后予以解答，步步紧扣，步步调动听众兴趣，迫使听众与他一起思考，根本无法移开注意力。

著名教育家马相伯在一次广播演讲中，开口就是："请看，今日的中国，是谁家的天下？"出语惊人，有发聋振聩的威力。

当然，提问式开场，并不等同于简单的提问。你需要注意的是，你的听众很可能并没有做好思考的准备，他们在演讲开始时一般先要对你察言观色，验证你是否合格。所以在提问之前，你务必先用 1 ~ 2 分钟与听众建立关系。

而提问式开场的关键在于，你问的是不是精湛，提的够不够恰当。注意：

（1）你所提出的问题，应该是听众所关切的，是听众迫切想知道或者为之困惑的；

（2）你的提问要与演讲对象、场合相匹配；

（3）你所使用的提问内容要使听众感到新鲜有趣或者出乎意料，能在一瞬间引起听众的思考，而且要与演讲的后续内容紧密相连，能巧妙而自然地延展出演讲的主体内容。

如果脱离了这三个基本原则，只是硬搬硬套，泛泛地为提问而提问，不仅不会使人感到兴趣盎然，反而会弄巧成拙，画虎不成反类犬。

发挥幽默魅力，三五句话就让听众记住你

幽默是人生智慧的表现，可以凸显人格魅力。一个有幽默感的人，更显其人格魅力。

高明的演讲者往往都是幽默的人，他们在演讲中常常会先以幽默进行暖场，听众自然而然会认为这是一个非常有趣的人，接下来他们会很愿意花一点时间去倾听。如果演讲者一上台就说："我是一个有趣有料的人。"那么听众的反应或许是——"这是一个爱吹牛的人"，或者"这是一个自找无趣的人"。

以幽默开场，亦庄亦谐，给人妙趣横生之感，又不失主题。演讲时妙用幽默引导主题，可以使听众在轻松愉快的氛围中不知不觉地进入角色，接受演讲者的意见或建议。同时，由幽默而引发的和谐笑声，不仅会给听众以美的感受，同时能极好地拉近演讲者与听众之间的距离。

美国黑人领袖约翰·罗克，在给白人听众做《关于解放黑人奴隶》的演说时，说道："女士们，先生们——我来这里，与其说是发表讲话，还不如说是给这一场合增添了一点颜色。"

此话一出，听众哄堂大笑。笑声冲淡了由种族差异而造成的心理隔阂，使沉重的话题得以在轻松、和谐的氛围中进行。

著名书法家启功先生一次参加学术研讨会时，主持人说："下面请启功老先生做指示。"启功先生马上接话说道："指示不敢当，因为我的祖先活动在东北，是满族，属少数民族，历史上通称胡人，所以在下所讲，全是不折不扣的胡说……"

比尔·盖茨在自己的母校哈佛大学给毕业生们做演讲时，是这样开场的：

"尊敬的Bok校长，Rudenstine前校长，即将上任的Faust校长，哈佛集团的各位成员，监管理事会的各位理事，各位老师，各位家长，各位同学：

有一句话我等了三十年，现在终于可以说了：老爸，我总是跟你说，我会回来拿到我的学位的！

我要感谢哈佛大学在这个时候给我这个荣誉。明年，我就要换工作了（注：指从微软公司退休）……我终于可以在简历上写我有一个大学学位，这真是不错啊。

我为今天在座的各位同学感到高兴，你们拿到学位可比我简单多了。哈佛的校报称我是'哈佛大学历史上最成功的辍学生'。我想这大概使我有资格代表我这一类学生发言……在所有的失败者里，我做得最好。

但是，我还要提醒大家，我使得SteveBallmer（注：微软总经理）也从哈佛商学院退学了。因此，我是个有着恶劣影响力的人。这就是为什么我被邀请来在你们的毕业典礼上演讲。如果我在你们入学欢迎仪式上演讲，那么能够坚持到今天在这里毕业的人也许会少得多吧。

不管怎样，我对哈佛的回忆主要都与充沛的精力和智力活动有关。哈佛的生活令人愉快，也令人感到有压力，有时甚至会感到泄气，但永远充满了挑战性。生活在哈佛是一种吸引人的特殊待遇……虽然我离开得比较早，但是我在这里的经历、在这里结识的朋友、在这里发展起来的一些想法，永远地改变了我。”

这番生动形象、风趣幽默的措辞，使得演讲气氛轻松诙谐，为他赢得了哈佛学子的认同和亲近感，也使演讲收到了引人入胜的效果。

这就是幽默的魅力，亲切随和，自然诙谐，化解尴尬，融合情感，引人入胜。

再给大家讲得更深入一些。幽默可以分为三个层级：第一，能够领会别人的幽默，也就是听了别人幽默的言语能够发笑，这是最起码的幽默感；第二，自己也能来点幽默，也就是用幽默的言语让别人发笑，这说明已经具有了相当的幽默感；第三，能够拿自己开玩笑，也就是自嘲，这才是最高品位的幽默。幽默一直被人们称为只有聪明人才能驾驭的沟通艺术，而自嘲又被称为幽默的最高境界。由此可见，善于自嘲的人必然是智者中的智者，高手中的高手。

可以说，自嘲是最高境界的幽默。而善于自嘲的演讲者总是能将自己最可爱的一面展示给别人。对自身形象的种种不足之处大胆巧妙地加以自嘲，能出人意料地展示你自己的自信，显示出你潇洒不羁的个性。

1990年中央电视台的春节联欢晚会，当影星凌峰出现在晚会现场，取下帽子向观众行礼时，看到他那颗又圆又光的脑袋，晚会气氛自然就活跃了许多。紧接着他开口说话了，他说：“在下凌峰，我和文章（黄文章）不一样，虽然我们都得过‘金鸡奖’和‘最佳男歌星’称号，但是，我是以长得难看而出名的。”

这一段精彩的即兴发言使他获得了热烈的掌声。在观众对他坦诚亮丑的语言报以好感和善意的笑声中，他又继续发表只属于他的独特风格的演说：

“两年多来，我在大江南北走了一遍——拍摄《八千里路云和月》，所到之处呢，观众给予我们很大的支持，尤其男观众对我的印象特别好。因为，沧桑和苦难全都写在我的脸上。一般来说，女观众对我的印象不大良好，有的女观众对我的长相已经达到了忍无可忍的地步，她们认为我是人比黄花瘦，脸比煤球黑；但是，时代在变，潮流在变，审美的观念也在变。如果你仔细地归纳一下就会发现，现在的男人基本上分为三种：第一种——你看上去很漂亮，可看久了以后，就觉得他没有什么男人味道；第二种——看上去很难看，看久了是越看越难看；第三种——你看上去很难看，看久了以后你会发现，他有另外一种男人的味道，这种就是在下这种；鼓掌的都表示同意了！鼓掌的都是一些长得和我差不多的，真是物以类聚呀！”

观众笑得前仰后合。

还有一例，也是在一个晚会上，凌峰这样开始了他的开场白：“我这副长相很对不起观众，有时候上街都得备点零钱，以防有损市容被罚款……”

这种自嘲式的说话方式，往往能够引起别人大笑之后的好感，也可加深在人们心目中的印象。如果凌锋在春节晚会上只是礼节性地说上几句客套话，相信很少有人能够记住他；正是因为他善于自嘲，使人们至今还深刻地记得他。

对准自己的缺陷、缺点或人格中某些滑稽可笑的部分，以自嘲或自我调侃的方式表现出来，就能给人亲切平等的印象，从而拉近与交谈者之间的距离。

海利·福斯蒂说：“笑的金科玉律是，不论你想笑别人怎样，先笑你自己。”你可以嘲笑自己的长相，或者自己做过的不太漂亮的事情，——

即使你长得英俊或美丽，也可以试着嘲笑自己的比较有趣的缺点；你还可以嘲笑自己的遭遇和狼狈的处境。自嘲会使演讲者变得比较有人性，变得更加可爱。

出其不意，吸引听众注意力

若是演讲听得多了，听众的品位和要求会越来越高，笑点也会越来越高，这个时候，稍微平庸普通一点的措辞可能都会使听众不屑一顾，置若罔闻。

怎么办？

如果我们能发人未见，用别人始料不及的见解引出话题，造成“语不惊人死不休”的艺术效果，听众就会瞬间受到震撼，然后迫不及待地听下去。可以说，你以奇言妙语开场，便能达到强行吸引听众注意力的目的。

有一次，马云做客雅虎公司发表演说，他很反常规地说道：

“世界上很多非常聪明并且受过高等教育的人，无法成功，就是因为他们从小就受到了错误的教育，他们养成了勤劳的恶习。”

此语一出，观众惊异。马云继续说：

“很多人都记得爱迪生说的那句话吧：天才就是99%的汗水加1%的灵感。并且被这句话误导了一生。勤勤恳恳地奋斗，最终却碌碌无为。

其实爱迪生是因为懒得想他成功的真正原因，所以就编了这句话来误导我们。

很多人可能认为我是在胡说八道，好，让我用100个例子来证实你们的错误吧！事实胜于雄辩。”

在这里，马云提出了一个与常规思维或者大众思维不相符的概念——勤劳是恶习，从而对听众造成了巨大的冲击力。这种制造意外的方式在演讲中其实比较常见，目的就是为了吸引到更多的关注，或者表现自己与众不同的一面。

有一位班主任在毕业欢送会上给他的学生们送毕业致辞，他一开口就让大家疑惑顿生，他是这样说的：

“今天，我原本想祝大家一帆风顺，但后来仔细一想，这样说不合适。”一句话把学生们说得如坠云里雾里，大家都目不转睛地盯着老师，想知道他究竟要说什么。

“送你们一帆风顺的祝福就和祝某人万寿无疆一样，说法很美丽，但意义很空洞。人生不如意事十之八九，你们此去，必然困苦不断，阻碍重重，比如……”最后引出结论：“一帆风不顺，才是人生的真实模样，逆境中的崛起才是人生真正的辉煌。希望大家锲而不舍，在人生的征程中，坚实而有力地踏出美好的未来！”

这样的致辞，显然才更叫人印象深刻。

“一帆风顺”，绝大多数人在送祝福时都会这样说，但这位老师偏偏反其道而行之，以逆向角度道出了更深刻的人生哲理，他开场这第一句话无异于平地惊雷，又好比异峰突起，怎能不让人心里震撼。

这就是“出其不意”的效果，平地一声惊雷起，让人想不注意都难。不过需要强调的是，对于演讲者而言，在提出一些反常规的见解时，一定把握住合理性，切不可为了引人关注而故意哗众取宠，更不能为了标新立异而大发谬论、邪论，也不能生牵硬扯、胡乱升华。否则，就是强行引发听众的反感和厌恶了。

名言美句，效果同样很美丽

虽说出其不意标新立异的演讲开场最有冲击力，效果最好，但要知道，这种演讲技巧也不是万能的。譬如说，有些演讲者可能一时无法找到出人意料的切入点，如果勉强为之，为了出奇而出奇，反倒会显得牵强附会，不够自然协调了。再者，有些演讲场合受客观条件制约，要求演讲者不能太标新立异。这种情况下，我们要如何开场呢？

大家一起念一下——“最管用，巧引用。”这是演讲界流传已久的“六字箴言”。

引用，即借用格言、谚语、诗词名句、名人名言等作为演讲开场。这些艺术性的语言由于语境优美、哲理深刻、情感丰富等特点，深受人民群众的喜欢，再加上很多人对名人有崇拜感，因而比较认可名言的权威性和正确性。所以，我们如果能适应地引用名言为演讲开场，效果还是非常好的。

如，在《走自己的路》演讲现场，一位演讲者是这样开场的：“路漫漫其修远兮，吾将上下而求索。”演讲者引用屈原《离骚》中的名句，含义深邃而又自然而然地引出下文。

又比如，在一场励志演讲中，演讲者借用托尔斯泰的名言问大家：

“这世界上最重要的人是谁？”

听众略一思索，给出答案——现在在我眼前的人。

“这世界上最重要的事是什么？”

听众不假思索，立刻给出答案——现在我要做的事。

“这世界上最重要的时间是什么？”

听众毫不犹豫，异口同声——此时此刻。

演讲者见缝插针，巧妙引申：此时此刻，你们就是我最重要的人！为大家做好这场演讲，共同点亮内心的智慧之光，就是我们最重要的事！

这样的演讲方式，相比于标新立异，其实也丝毫不逊色。另一方面，以引用式开篇，还有两个非常明显的好处：

第一是好操作。相对其他开场白而言，“引用式”易学易懂，容易掌握，是初级演讲者最好的选择，我们只需将哲理名言、诗词美句等“复制粘合”，并加入些自己的东西做适当引申、延展就可以了。

第二是有分量。一个开场白，要在短短三言两语间吸引听众的注意力，就一定要有分量。那么，什么话最有分量？当然是集结人类智慧精粹的哲理名言、诗词名句了，以此作为演讲开场白，可以增强语言的“深度”，使演讲主题显得更厚重、更有内涵。

但是，给大家提个醒，虽然引用式开场白简单实用，容易操作，但是也不能拿来就用。使用引用式开场，还是有几个原则要遵守的：

（1）引用内容和演讲主题要高度契合，不能风马牛不相及，否则，非但不会给演讲增色，还会令整个演讲色彩全无。

事实上，这个道理大家都懂，表面上的契合也差不多都可以做到，但真正做到高度契合，天衣无缝，就不那么容易了。举例说明一下。

“要想做一个真正的英雄是没有选择余地的，往往是要么成功要么成仁。”这是希契科克的一句名言，很多演讲者都喜欢在开场白中引用这句话。这句话看起来和人生理想有关，但大家认真想想，我们引用这句话意在说明什么呢？它能够帮助我们体现怎样的思想和感情呢？答案很模糊。而且，因为“不成功便成仁”这样的话被引用的太多了，听众早已产生了审美疲劳，这种开场设计根本无法引起听众的重视感。所以建议大家，在引用的时候请务必用心再用心，精挑细选，每个人都在用的、甚至居委会大妈讲话都引用的东西，咱们最好就不要再使用了。

（2）引用的内容，听众熟知或易懂，二者必居其一。熟知，易懂，见字知意，就是大家都知道的、一说出来听众就能心领神会，产生共鸣的东西。对此，有些人可能要提出质疑——前文不是刚刚说过不要使用那些陈词滥调吗？现在怎么又要我们引用熟知易懂的名言，这不是前后矛盾吗？事实上并不矛盾。

名言美句灿若星河，我们完全没有必要拾人牙慧，抓着那几句别人用烂的话不放，而应该积极寻找那些虽然众所周知但还没有泛滥成灾的语句。说来说去，归根结底，演讲的开场还是讲究一个“与众不同”，只有与众不同，你才能在众多演讲者中脱颖而出。

有时候我们可能还会遇到这样一种情况：一句名言，你觉得非常好，用作演讲开场非常合适，但这句话挺冷僻的，不符合“熟知”的原则，那么还用不用呢？选择的方法很简单——有的话虽然不广为人知，但广为人懂，那么就可以放心引用，否则就不要用。千万不要为了营造与众不同的效果而刻意选择一些令人摸不着头脑的话。我们引用名言的目的说到底只有一个，那就是为我们的演讲服务，如果你所说的话听众听不懂，就算它优美程度堪比《洛神赋》，又有什么用呢？

（3）引用的内容务必尽量简洁，不要长篇引用，一两句正好，至多也不要超过五句话。要知道，开场白毕竟只是开场白，它的主要作用是开言惊人、引导主题、延伸内容，如果我们大段引用，甚至整篇的借用，岂不是喧宾夺主了？如此一来，你是讲别人的东西，还是做自己的演讲呢？

最后一点很重要，需要特别说明一下。我们在演讲中，除了可以引用哲理名言、诗词名句之外，不妨试试其他名言美句，比如引用幽默段子、经典歌词、网络流行语等。事实证明，引用一些具有鲜活时代特征的语言，往往能够收获非常好的效果，因为这样的话让大家觉得更贴近时代和生活。而且，你的引用越鲜活、越有个性，就越能避免"众口一词"的尴尬。

会讲故事的人，演讲一定不会差

故事，文学体裁的一种，侧重于事件发展过程的描述。强调情节的生动性和连贯性，非常适合口头讲述。

讲故事是非常高明的开场技巧之一，也是对初级演讲者来说最容易的一种方式。开场讲故事好处多多，它能帮你迅速建立起与听众之间的默契，使你的演讲变得更有吸引力和说服力。

近年来，“讲故事”这三个字也是非常流行，不少高明的演讲者甚至直接把演讲变成了讲故事，故事在演讲界的江湖地位越来越高。数据统计显示，近几年热播的演说类节目，有 42% 是通过讲故事来向观众呈现的。

讲故事为什么如此受欢迎？因为爱听故事是人们与生俱来的特性。回忆一下，小时候，每每听到大人说“从前有一个人……”“在很早的时候……”“我给你讲个故事……”，我们是不是就会瞬间安静下来？原本瞌睡的我们也会瞬间精神百倍，开始眼巴巴地等着大人讲故事。而当有人滔滔不绝地讲大道理时，比如千篇一律的会议精神，原本神清气爽的我们也会昏昏欲睡，因为那些被说烂的道理真的很枯燥乏味，完全无法吸引我们的注意，调动我们的兴趣。

所以说，开场时来一段绘声绘色的小故事，一定会让我们的演讲更具姿色。毕竟，吸引才是王道。

理查德·布兰森就是一个非常擅于吸引别人注意力的人，他是维珍（Virgin）品牌的创始人，英国最具有传奇色彩的亿万富翁，一向以特立独行著称。

至今仍有严重口吃的理查德·布兰森并没有“羞于启齿”，反而热爱演讲。他是“TED 演讲人”，工作之余，经常在讲台上展现自己的激情，分享自己的传奇，传播科技的力量。他的演讲方式就和他的性格一样，非常有特点、非常有个性，他曾骑着白象到印度国会演讲，开着坦克到纽约广场宣传，乘热气球横渡大西洋……他的故事开场总是令人瞠目结舌，也正因如此，他的演讲总是让人过耳不忘。

如果你有条件，你也可以采取这样的故事开场，比如在《千里马还是废马》的演讲中，骑着一匹高头骏马隆重登场，可以简单讲述一下你发现这匹“千里马”的故事，然后引用韩愈《马说》中的名句，“世有伯乐，然后有千里马。千里马常有，而伯乐不常有。故虽有名马，辱于奴隶之手，骈死于槽枥之间，不以千里称也。”由此得出结论，人要善于自我推销，否则会非常凄惨：辱于奴隶之手，骈死于槽枥之间，不以千里称也，不被重视、不得重用，生前无功，身后无名。

当然，很多时候，客观条件不允许我们太“推陈出新”、标新立异，但这并不完全影响故事开场的效果，事实上，只要你能够讲出一个好的开场故事，哪怕是用传统方式来讲，也一样深入人心。

1962 年，82 岁高龄的麦克阿瑟将军回到母校西点军校，这里的一砖一瓦、一草一木，都令他情怀涌动，思绪纷飞，仿佛自己又回到了年轻时代。在授勋仪式上，麦克阿瑟将军发表即席演讲，他这样开的场：

今天早上，我走出旅馆时，看门人问我：“将军，你准备上哪儿去？”一听说我要来西点时，他说：“那可是个好地方，您从前去过吗？”

这个开场故事非常简单，情节上也没什么“急转直下”“异峰凸起”的设置，叙述朴实得很，但它所包含的情感却是极为丰富、极为深沉的。这三言两语，将麦克阿瑟将军对母校的眷恋之情表达得淋漓尽致，同时，不露声色地唤起了西点学子的自豪感。接着，麦克阿瑟将军自然而然地将内容过渡到“责任——荣誉——国家”这个主题上来，水到渠成，情理并茂。

我们再来看看“中国青少年责任与成长大讲堂”名誉主席李燕杰先生，在《爱情美学》演讲中的开场：

我今天发言的内容是“爱情、婚姻与家庭”，题目叫《爱情美学》。我不是研究爱情的，为什么会想到要讲这样一个题目呢？

前年 4 月，北京一家公司的团委书记邀我去作报告，我因教学任务紧张推托不去。这个团委书记恳切地说："李老师，您一定要去，我们这次是请您去救命的。"我很纳闷。于是他掏出一张纸，上面写着他公司所属工厂里的一批自杀者的名单，其中大多数人因为恋爱问题处理不好而轻生厌世，轻率地走上了绝路。所以，我觉得很有必要与大家谈谈"爱情美学"的问题。

这个开场故事的妙处就在于"耸人听闻"，直指问题的严重性和紧迫性，几句话就把听众的神经给抓紧了。

用故事吸引听众的开场方式虽然效果独到，但也要有所注意，不合适的故事就算有趣，同样会带来负面影响。总的来说，在使用故事开场时，我们有以下几个方面必须注意：

一是故事本身要有针对性，要与中心论题紧密相扣；

二是故事要有意义、有意味，引人入胜，促人深思，耐人寻味；

三是是叙述要简而美，不要啰里啰唆延绵不绝，要知道，演讲不是故事会。

另外，着重提醒大家一点：如果你使用"借来的逸闻"，请一定要慎重。有的故事是这样的，它发生在别人身上，已经被当事人演讲时当作亲身经历使用过，这时如果你再将其当作"我的故事"讲出来，如果听众在其他演讲场合早有耳闻，那么你的可信度就会大打折扣。所以，如果你选择讲现实生活中的逸闻趣事，那么最好是使用原创的东西，如果有必要借用别人身上的故事，那么最好事先让你的听众知道这一点。

开场设悬，听众想不听都难

奥巴马的演讲能力想必大家有目共睹，顶级的，非常具有感染力和说服力，这也是他能够在失业率超过 7% 的情况下依然获得连任的重要原因之一，在整个 20 世纪，美国历届总统中只有罗斯福和里根做到了同样的事情。

不过，坊间传闻，奥巴马以前的演讲水平也不怎么行，一上台就紧张，常常不知道如何开头是好，因为演讲的开头太重要了。

他的夫人米歇尔·奥巴马，也是一位非常出色的演讲家，就给他出主意，说你以后演讲时要学会故弄玄虚，比如这样开头就很棒：

我一生中最幸福的时光，是躺在一个女人的怀里……然后停顿一下，吊一下听众胃口，再继续演说，这个女人就是我的母亲！这样的开头一定能够吸引人。

奥巴马深以为然，铭记于心，在一次演讲中，他终于用到了：

我一生中最幸福的时光，是躺在一个女人的怀里……

奥巴马停顿了一下，下面静悄悄的，大家都饶有兴致地期待他继续演讲，效果非常好。可是，在这个关键时刻，奥巴马突然忘词了！他记不得下面该说什么了！没办法他只好继续演讲道：

可是，我忘记了是哪个女人……

下面哄堂大笑，一片喝彩。

这个故事真实与否并不重要，奥巴马究竟是忘词了还是触类旁通、灵活运用，也不重要。重要的是，这个故事能否让大家在轻松一刻的同时，领悟到一种新的开场技巧。

你猜得没错，就是故弄玄虚，设置悬念。

科学家研究发现，人类大脑接收信号、形成反馈并做出反应的时间，大约是30秒。也就是说，听众会在开场30秒内判断出你的演讲是否值得听下去，这30秒就是演讲的黄金时间，如果把握不好，就算听众没有离开，心也早就不在你的演讲上了。

所以我们务必要在演讲开场的30秒之内，创造出一言既出有如暮鼓晨钟之感，让听众有一种必须要坐直身子、竖起耳朵、迫不及待听下去的渴望。

比如，西南联大著名学者刘文典教学生写文章，上台仅授以“观世音菩萨”五字。刘教授这一句话让学生如坠云里雾里，他接着解释说：“观”乃多多观察生活，“世”乃需要明白世故人情，“音”乃讲究音韵，“菩萨”则是要有救苦救难、关爱众生的菩萨心肠。学生们聆听之后如醍醐灌顶，恍然大悟，对刘老师所讲授的写作秘诀更是终生难忘。

又比如，有一位很善于演讲的朋友，为了吸引听众的注意力，他很喜欢用这样一句话来开始：“说真的，我这个演讲，可能会让大家有喷饭的冲动。”这时大家马上被勾起了好奇心——噢？为什么呢？说说看吧！——话根本不用多说，悬念一出，听众的注意力一下子就被吸引到演讲上来了。

再比如，一位知名探险家应邀到某大学做演讲，谁知学生们根本不买他的账，台下交头接耳，喋喋不休，一片嘈杂。他并不恼怒，只见他慢悠悠走到讲台中央，站定，停顿片刻，不徐不疾地从口袋中掏出一块青幽幽的石头，然后高举过头，左右摇晃了两下，对学生们说道："注意啦，如果你们现在不认真看，以后想看也看不到了，因为这块石头在国内十分罕见。据我所知，截至目前，国内收藏界就只有我才有这么一块。"整个会场顿时静了下来，学生们个个眼睛放光，伸长脖子想看个究竟。

要的就是这样的效果！探险家眼见目的达到，这才娓娓道来："2年前，我在南极探险，这块石头躲藏在你们谁也想不到的地方，却被我胡打乱撞地发现了！事情是这样的……"

探险家故布疑阵、悬念迭起，一开场就紧紧抓住听众好奇心，最后告知事情的经过缘由，无缝衔接引出主题，最后演讲大获成功。

出色的演讲家都很善于使用这种手法，他们会通过对演讲开场做悬而未决或结局难料的安排，来激起听众急于获知谜底的迫切期待心理。它的作用在于迅速抓住听众的注意力，并使其尽可能在演讲未完成前一直保持这种注意力。

大导演希区柯克曾经给这种手法下过一个著名定义：

如果你要表现一群人围着一张桌子玩牌，然后突然一声爆炸，那么你便只能拍到一个十分呆板的炸后一惊的场面。另一方面，虽然你是表现这同一场面，但是在打牌开始之前，先表现桌子下面的定时炸弹，那么你就造成了悬念，并牵动观众。

好奇是人的天性，一旦有了疑惑，非得探明究竟。所以以悬念开场，可以说屡试不爽。但需要注意，演讲中制造悬念不能像写悬疑小说，既不可以频繁使用一步一悬，也不可以挖坑不填悬而不解。在适当的时候，我们必须合理解开悬念，使听众的好奇心得到满足，而且也使前后内容相互呼应，结构浑然一体。

精于变化，让表达不再干巴巴

汉语是世界上最奇妙的语言，我们在说话时运用的大部分词语，其实稍稍变化就可能会给人完全不同的感觉。同一件事，不同的语言表达出来的感情也不同。

在演讲中，不同的语序排列能改变人们思想感情信息的性质和力度，并对演讲效果产生不同的影响。换句话说，口语表达的效果不仅与所表达内容本身的性质和分量有关，而且与这些内容展开时的语言顺序和结构方式相联系。词序的调整就像在做化学实验，明明还是那些成分，但出来的却是截然不同的结果，最终达到既不违反事实也表达了自己的意思。

有些词组本来有着固定的位置，表达特定的含义。如果把其词语的位置加以变换、颠倒，其意义就会发生质变，或使强调重点转移，因而能获得强化表达的效果。

有时，个别词语顺序的颠倒、变化，如果孤立地看似乎没有什么不同，但是，一旦纳入特定的语言表达的语境中，就能产生神奇的作用。

按照一般的表达习惯，句子成分是有一定位置的。为了表达特殊的思想感情，可以把句中的某些成分加以互换、位移，以创造特定的表达效果。比如，说："你怎么了？"表达的是疑问和责备之意，显得比较生硬。

改成倒装句“怎么了，你？”着重表达关切之意，显得和蔼可亲。“你快点！”表示命令、催促。“快点，你！”表示不耐烦，斥责之情。很显然，句子成分位置的变化，会带来所表达思想感情的微妙变化。

著名作家孙犁在小说《荷花淀》里描写丈夫要去抗日，妻子看出了异样，用了这样的语言：“女人看出他笑得不像平常，‘怎么了，你？’”“怎么了”，表示关切；“你？”表示亲切。这样变化语序，暗示了女人对丈夫的关心。对话现场只有他们两个人，所以这个“你”的称谓作用已经退后，主要起到传达亲切、关切的情感作用。也正因为关切，“怎么了”才会先说出来，这是情不自禁的。如果把语序颠倒过来，“你怎么了？”那就成了一般性的询问，女人对丈夫的关切之情就会弱化许多，而女人对丈夫情绪变化的敏感更是表现不出来了。敏感体现了女人对丈夫的了解，体现了女人对丈夫的爱，没有了敏感，爱的表现就弱化了。

为了谋求理想的演讲效果，演讲者不仅需要对口语表达中的个别词序和句子的顺序加以考虑，而且还应从宏观上对表达内容的先后顺序做通盘的策划和设计，才可以使表达更切题旨。

值得一提的是，掌握和运用语序变化的技巧，要为演讲宗旨服务，绝不是无目的地玩弄文字游戏。如果离开了演讲宗旨的需要，任意颠倒说话的语序，不但不能增强表达的效果，反而让人感到语无伦次，不知所云，那就事与愿违了。

CHAPTER 04

作场：演讲就像演戏，必须活用肢体

生活中有这样一种人，虽然他不是很漂亮、很英俊，但一举手一投足，散发着十足的吸引力，他招人喜欢，他很容易带动周围人的情绪，他有着广泛的人缘和良好的声誉，他的魅力来自哪里？这一节就向大家揭示强化身体魅力的秘密。请务必要明白，养眼的外表不一定能吸引所有人，而身体的魅力，是任何人都无法抵挡的。

肢体形象直接影响听众第一印象

肢体语言是信息发送者把要发送的信息，通过仪表、姿势、表情、动作等传送到信息接收者的视觉器官，再通过信息接收者的视觉神经作用于大脑，从而引起积极反应，实现信息发送者的目的的一种表达方式。肢体语言包括面部表情、目光接触、身体姿势、人际空间距离、服饰语言等多种方式。

肢体语言直接诉诸人们的视觉器官，在演讲中具有十分重要的意义。心理学家阿尔·伯特梅拉比安曾发现这样一个有趣的公式：一条信息的表达效果 =7％的语言 +38％的声音 +55％的肢体语言。这表明，人们获得的信息大部分来自视觉印象。因而美国心理学家艾德华·霍尔曾十分肯定地说："无声语言所显示的意义要比有声语言多得多。"肢体语言独特的有形性、可视性和直接性，对演讲来说，具有不可低估的特殊价值。

肢体语言有助于演讲者给听众展现良好的第一印象，体现演讲者的气质风度和形象美。

社会心理学有一个理论叫"晕轮效应"。这一理论认为，一个人留给别人的"第一印象"，往往成为别人对其做出判断的心理依据。心理学家雪莱·蔡根曾经做过一个非常有趣的实验：她在莫萨立顿大学挑选了 68

个自愿参加实验的大学生。在口才、外貌以及对事物的理解力和判断力上，这些大学生几乎没有什么区别；但在风度仪表方面，有些大学生风度翩翩、气质不俗，有些则仪态平平、气质一般。根据事先的安排，这68个大学生分别向4位素不相识的路人征求意见，希望获得他们的支持。结果，风度翩翩的大学生获得的支持率要远远高于仪态平平的大学生。

2012年，奥巴马在第一场大选辩论中输给共和党的罗姆尼时，有一些评论家就将这场失败归咎于他那“负能量满满”的肢体语言，以及他频频俯视瘪嘴的习惯，这些动作让他显得“倦怠而且准备不足”。

另一方面，有声语言在表情达意上是存在局限的。有声语言常常把所要表达意思的一部分甚至大部分隐藏起来，造成所谓的“辞不达意”“言不由衷”。根据弗洛伊德的解释，这大概是因为经过理性加工的语言往往不能直率地表露一个人的深层心理和真实意向。对听者来说，有声语言的这种无形性、隐藏性和间接性，往往叫他们难以完全地领会说者的意思。因此，仅依赖文字语言我们永远也不会明白一个人说话的完整含义。

肢体语言能够弥补有声语言的这些不足。它能通过有形可视的、具有丰富表现力的各种动作和表情，协助有声语言将内容准确无误地表达出来。视、听双管齐下，能给听者以完整、确切的印象。石油大王洛克菲勒就深谙此道，他在演说时常常用钱币作为道具在桌上演示、说明工人与资本家之间的利益关系，这给工人们留下了非常深刻的印象。

不仅如此，肢体语言还能加强表达语气，显示出人内在的情感和态度，使情绪、观点、意见在无形之中得到有力的强调。比如说，教师运用一定的体态动作来教学，可以调节课堂气氛、突出教学重点、改善学生的信息接收率。根据美国心理学家调查，如果教师在讲课时距离学生很远并且毫无表情和动作，学生就只能接收教师发出信息的25%；如果教师在授课过程中使用图表、字幕等直观的教具，学生的信息接收率可提高到40%～50%；如果教师用教鞭指着讲解，并配以恰当的手势和动作，学生的信息接收率即可高达75%以上。由此可见，有声语言和肢体语言是相辅相成的。

肢体语言不但能与有声语言互为补充，还能使演讲者以动态、直观的形象出现在听众面前，给他们以直接的印象。体态语的设计和运用能大大增强这种美学效果，使演讲者声情并茂、形神兼备，还能展现出演讲者风度翩翩、仪态万方的气质。出色的演讲者总是善于运用恰当、独特的体态动作来改变自己的形象。

据说，美国前总统肯尼迪具有“超凡的魅力”。在公众场合，不管他说什么，只要做几个动作，就能把听众吸引住。其实他的身材并不算高大，但他那精心设计过的肢体语言总是能给人一种形象高大的印象。肯尼迪的魅力可以说是来自他体态的魅力、风度的魅力、气质的魅力。拥有了优美的体态风度，就能在与人交流之初建立良好的第一印象，使自己的形象符合对方的期待，从一开始就从感觉上、心理上沟通了与对方交流的渠道。

总之，在演讲的过程中，我们不仅需要恰到好处地运用语言，还应当尽可能地运用肢体语言来支持与配合。如果我们能够得体地应用自己的目光、表情、手势、姿势等肢体语言和听众进行非语言交流，必然能营造良好的演讲氛围，增强演讲的感染力。

体态，体现着你的演讲状态

我们每个人从小就被家长和老师教导要“站有站相，坐有坐相”“站如松、坐如钟”，这说明，一个良好的体态对每个人都是很重要的。在演讲中，不管你的相貌、身材怎样，保持良好的体态，会使你看上去更自信，更有气质和风度，给听众留下仪表不凡、落落大方的印象，从而使你的演讲更具信服力。

体态能够显示出演讲者的思想和气质。抬头、挺胸、直背，会给人一种精神饱满、充满活力、自信坚定的印象；而一个内心缺乏勇气和自信的演讲者，他通常呈现出站立不稳、不直、弯腰驼背、斜肩等不良的体态，这些都会给人留下胆小、怯懦、不自然、不雅观、缺乏魅力、缺乏自信心的印象，使他的演讲效果大打折扣。

（1）站姿

站立是人最基本的体态之一。正确的站姿要做到站得端正、稳重、自然、亲切。上身正直、头正目平、面带微笑、微收下颌、肩平挺胸、直腰收腹、两臂自然下垂、两腿相靠直立、两脚靠拢、脚尖呈 V 字形。女子两脚可并拢，肌肉略有收缩感。

还有一种站姿是一脚在前，一脚在后，两脚之间有点距离，重心稍靠前，身体稍微前倾，这种站姿显得精神自然、稳重潇洒，给人一种气宇轩昂的感觉。

站立时，如有全身不够端正、双脚叉开过大、双脚随意乱动、无精打采、自由散漫的姿势，都会被看作不雅或失礼。

（2）坐姿

对于演讲者来说，应用到坐姿的情况不多，除非是一些专业性、学术性较强的座谈会。另外就是，还没轮到自己上台演讲，必须坐在次席等待的那段时刻。尽管这段时间你不是主角，但是，我们还是要做到“坐有坐相”。

优雅的坐姿传递着自信、友好、热情的信息，同时也显示出高雅庄重的良好风范。坐姿包括就座的姿势和坐定的姿势。入座时要轻而缓，走到座位面前转身，轻稳地坐下，不应发出嘈杂的声音。坐下后，上身保持挺直，头部端正，目光平视前方或听众。腰背稍靠椅背，在比较正式的场合，或有位尊者在座，不能坐满座位，一般只占座位的2/3。两手掌心向下，叠放在两腿之上，两腿自然弯曲，小腿与地面基本垂直，两脚平落地面，两膝间的距离，男士坐的时候膝部可以分开一点，以一拳或二拳为宜，不要超过肩宽，也不能两腿叉开，半躺在椅子里。在非正式场合，双腿可以叠放或斜放，交叉叠放时，力求做到膝部以上并拢。

女士在落座时，要注意应在站立的姿态上，后腿能够碰到椅子，然后用手把裙子向前拢一下，轻轻坐下来，两个膝盖一定要并起来，腿可以放中间或放两边。如果想跷腿，两腿需是合并的，假如穿的裙子较短时一定要小心盖住。

无论哪一种坐姿，都要自然放松，面带微笑。不可仰头靠在座位背上或低着头注视地面；身体不可前俯后仰，或歪向一侧；双手不应有多余的动作。双腿不宜敞开过大，也不要把小腿搁在大腿上，更不要把两腿直伸开去，或反复不断地抖动。这些都是缺乏教养和傲慢的表现。

离座时，如果在场还有其他演讲嘉宾，应先向对方示意，而后再离座。如果与人同时离座，必须注意先后次序：如果地位低于对方，应请对方先走；如果地位高于对方，可首先离座；如果彼此身份相当，可同时离座。必须强调的是，无论如何，抢先离座都是失礼的表现。

需要注意，离座时，不要突然起身，以免惊到别人。动作应稳重轻缓，先身子前倾，再慢慢起身。另外，必须从左侧离开自己的座位。请注意，“左出”是一种礼节。

（3）走姿

走姿是站姿的延续动作，是在站姿的基础上展示人的动态美。走姿往往是最引人注目的身体语言，也最能体现一个人的风度和活力。

演讲时，走上讲台的时候，头要抬起，目光平视前方，双臂自然下垂，手掌心向内，并以身体为中心前后摆动。上身挺拔，腿部伸直，腰部放松，脚步要轻并且富有弹性和节奏感。

走路时上身基本保持站立的标准姿势，挺胸收腹，腰背笔直；两臂以身体为中心，前后自然摆动。前摆约 35 度，后摆约 15 度，手掌朝向体内；起步时身子稍向前倾，重心落在前脚掌，膝盖伸直；脚尖向正前方伸出，行走时双脚踩在两条平行线上。

女士还要步履匀称、轻盈、端庄、文雅，显示出温柔和秀美。

如果你的走姿不规范甚至不是很雅观，可以尝试下面的练习：将一本书放在头顶上，放稳后再松手。接着把双手放在身体两侧，用前脚慢慢地从基本站立姿势起步走。这样虽有点不自然，却是一种很有效的练习方法，关键是走路时要摆动大腿关节部位，而不是膝关节，才能使你的步履矫健轻盈。

在演讲中，保持良好的体态，做到站姿、坐姿、走姿自然优美，不但能展示出你良好的精神面貌和个人风范，还能使你的谈吐充满自信和动人的魅力。

为肢体语言设计精准的使用范本

肢体语言在演讲中的重要作用想必大家也是非常认同的，那么为了使我们的演讲更加动人，我们就有必要设计好自己的肢体语言，让恰当的肢体语言帮助你更加顺畅地完成演讲。

一般来说，恰当的肢体语言必须符合以下几个要求。

（1）自然

自然是对肢体语言第一位的要求。在演讲时，有的演讲者动作生硬、刻板，好像木偶一般；有的演讲者则刻意表演，动作和姿态看起来总是非常做作，说话就像“背台词”一样。这些表现都会让听众觉得别扭、不真实、缺乏诚意。孙中山曾经告诫人们，“处处出于自然”，即使“有时词者严重”，也“不可故作惊人模样”，这样才能博得人们的信赖。因此有人说，宁要自然的雅拙，不要做作的乖巧。这不是没有道理的。

（2）简洁明了

肢体语言要大众化，举手投足应该符合一般的生活习惯，易于被人们看懂和接受。肢体语言要简洁明了，不要搞得烦琐复杂。如果龇牙咧嘴、手舞足蹈地像在表演戏剧一样，不仅会喧宾夺主，妨碍有声语言的正常表达，也会让听众眼花缭乱、不知所云。所以，一定要注意克服不良的习惯动作，去掉无意义的多余动作。

（3）适度适宜

所谓适度，即肢体语言要适量，不要用得过多，最低限度是不能影响听众对你说话的注意力。在演讲时，有的演讲者做的动作比说的话还多，那就不是演讲，而是演戏了。所谓适宜，就是要求动作必须与演讲的内容、情绪、气氛协调一致，不要故作姿态、故弄玄虚甚至手口不一。据说，在一次招待会上，美国前总统尼克松举起双手招呼记者们站起来，嘴上却说“大家请坐”，弄得记者们大惑不解。于是，尼克松这次说话时动作与内容的不协调成了轶闻。

（4）富有变化

演讲时，适当的重复动作是必要的，重复动作是为了重现或强调原来的情绪。但不要老是重复一种肢体语言，如果在演讲时自始至终保持一种表情、一种手势，就会让听众觉得单调乏味、呆钝死板。因此，我们要善于随着内容、情绪的变化适当地变换动作和姿态，这样才能展现出个人的活泼、朝气和魅力。

但是，肢体语言毕竟只是完成表达任务的手段，而不是说话所追求的最终目标。对于演讲来说，肢体语言并没有独立价值，而只有辅助价值，在演讲过程中处于从属地位。正是这种从属地位决定了肢体语言的设计和运用必须由表达的内容、情绪、对象等因素的特点来决定。肢体语言的设计必须遵循以下几个基本原则：

（1）肢体语言要服从内容表达的需要

这是肢体语言设计的根本宗旨。美国政治家雷布斯在伦敦做《关于劳工问题》的演说时，他突然中途停了下来，取出怀表，站在那里望着听众足足有一分多钟。听众们都觉得非常奇怪：这是怎么回事？发生了什么事？难道他忘记了演讲词？就在大家猜疑的时候，他突然大声说道："诸位，刚才让大家感到局促不安的72秒钟的时间，也就是一个普通工人砌一块砖头所需要的时间。"这时，大家恍然大悟。雷布斯设计的中途停顿的动作，既新颖别致，又生动深刻地表达了他在"劳工问题"上的思想和见解。

（2）肢体语言要服从对象、场合的需要

无论表情、动作、姿态、衣饰都必须考虑和适应特定的对象和场合。给工人做励志演说和联谊会上做社交演说的衣着打扮和神态应该是有区别的；参加喜庆活动与参加悼念活动时的举止、仪态也应该截然不同。

（3）肢体语言要服从情绪表达的需要

任何表情动作都是人的内在情绪和情感的体现。肢体语言的设计必须切合感情的脉搏，服从情绪的支配，该哭则哭，该笑则笑，该怒则怒，该怨则怨。所有表情动作应该随着演讲时情感的起伏自然而然地发出，切不可故作姿态、装模作样。

（4）肢体语言要服从审美的需要

体态动作直接作用于人们的视觉器官，美的肢体语言让人赏心悦目，丑的肢体语言则令人反感厌恶。这就要求演讲者无论在任何场合，不管是坐着还是站着，都要使自己的一举一动、一颦一笑符合大众审美的要求。在设计自己的肢体语言的时候，还要注意体现出性别特征和个性特征。一般来说，男性应该展现出阳刚之美，女性则应该展现出阴柔之美。男人要有男人的气质和风度：刚劲、强健、粗犷、潇洒；女人要有女人的柔情和风姿：温柔、细腻、娴静、典雅。

设计好你的肢体语言，就能在演讲中挥洒自如，这样不仅能为你的演讲锦上添花，还能在言谈举止间释放你的个性和人格魅力。

你的着装，承载着你的气场

服饰语言是以服装及其饰品（包括首饰）的变化来传递情感或信息的交际手段，服饰作为一种信号，比肢体语言本身的信号更加引人注意。服饰语言也是一种典型的非言语交流形式，听众透过演讲者的穿衣打扮，就可以看出演讲者的审美水平、文化修养以及综合素质。适宜的仪表，不仅能展示演讲者的个性魅力，更能体现你对听众的尊重。

在服饰打扮上，演讲者必须完全服从国际公认的“TPO”原则。T（time）指时间，指服饰打扮必须根据时间来决定，是个广义的概念，既指时令、季节，又指具体月日或星期几，也可具体到一天内的白天、黑夜、钟点、时辰。一个在三伏天还穿着深色长袖制服的人，给人的第一印象不会太好。P（place）指地点、场所、场合、位置、职位，即服饰打扮应与所处的场合相协调。O（object）代表目的、目标、对象，试图通过穿着打扮来达到给对方留下一个什么样的印象的目的，有目的地来选择服饰。

当年，美苏两国首脑在华盛顿签署中程导弹条约。两位第一夫人南希和赖莎的服装就是一次无声的“自我介绍”。当天，两位第一夫人不约而同地穿上了灰色的套装。为改变苏联妇女“货车司机”的形象，赖莎特意在套装外加了一件红色的体恤以突出上下身比例，令人耳目一新。而南希的套装双肩垫得太浮，收腰又过于夸张，与当时庄重的外交场合不太协调。南希的服饰明显不符合“TPO”原则。当时新闻媒体普遍认为赖莎的服饰胜过南希的服饰。

某民营企业家在一次管理交流会上作为嘉宾被安排给外企高管做分享，参会者中有许多欧美高管。同被邀请的一位嘉宾很吃惊地看到他穿了件大红色休闲皮夹克，于是善意提醒道：“您这是大红皮夹克呀！”

这位企业家挺得意地说：“是啊，意大利名牌，5 万多一件呢！”

听他这么说，对方知道两个人的对话根本不在同一个频道上，也就默不作声了。

事实上，这位企业家的着装在当时的场合上是非常不合时宜的，这令交流会的主办方很尴尬，也导致他的演讲遭到了听众的抵触。从此之后，该交流会再也没有邀请过这位企业家。

社交礼仪法则中有一条不成文的规定，就是会见外宾时一定要穿西装，这位企业家的衣服很高档，但穿着的场合不合适。事实上，着装不一定非要穿名牌，关键是要符合场合与身份，不合时宜的着装，就算是奢侈品牌也掉价、也丢人。

一般来说，演讲者的着装必须讲究整洁合体，庄重大方，色彩协调。具体来说，要做到外表整齐、美观大方，风格高雅，与自己的性别、年龄、身份相协调，充分体现自己的品位与特质。不可色彩斑斓，不可过于时髦，那样会分散听众注意力，破坏演讲效果。

有位年轻人做了 4 次演讲，根据演讲主题的不同，分别选择了不同服饰：他讲“改革春风吹满地”，穿西装，显得庄重严肃；讲英烈事迹，穿军装，表示肃穆与敬重；讲“致青春”，穿牛仔 T 恤，显得朝气蓬勃；而讲职场，则穿上干净利落的职业装，显得干练又大方。他的这种做法，就非常值得我们借鉴。

从礼仪的角度看，着装不能简单地等同于穿衣。它是着装人基于自身的阅历修养、审美情趣、身材特点，根据不同的时间、场合、目的，对所穿的服装进行精心的选择、搭配和组合。具体来说，穿着打扮既要自然得体，协调大方，又要遵守某种约定俗成的规范或原则。服装不但要与自己的具体条件相适应，还必须时刻注意客观环境、场合对人的着装要求，即着装打扮要优先考虑时间、地点和目的三大要素，努力使穿着打扮的各方面与时间、地点、目的保持协调一致。

一般地说，演讲者的服装、发型、饰物、化妆等，都要以美观、大方、入时、合群为准则，既不可不修边幅，也不可浓妆艳抹，更不能身着奇装异服。除此之外，还应同时兼顾以下原则：

（1）文明大方

要求着装要符合本国的道德传统和常规做法。在演讲场合，忌穿过露、过透、过短和过紧的服装。身体的过分暴露，不但有失身份，而且也失敬于他人，使他人感到不便和尴尬。

（2）搭配得体

要求着装的各个部分相互呼应，精心搭配，特别是要恪守服装本身及与鞋帽之间约定俗成的搭配，在整体上尽可能做到完美、和谐，展现着装的整体之美。

（3）个性特征

个性特征原则上要求着装适应自身形体、年龄、职业的特点，扬长避短，并在此基础上创造和保持自己独有的风格，即在不违反礼仪规范的前提下，在某些方面可体现与众不同的个性，但切勿盲目追逐时髦。

现代社会是一个注重仪表的文明社会。通过服饰，可以了解一个人，也可以让他人了解你。演讲者必须注意发挥服饰在社交和沟通中的作用。在演讲中，注重个人着装的人能体现仪表美，得体的衣着打扮可以增强自信力，增加感染力，能赢得听众的信任和尊重，给人留下良好的印象，使人愿意认真倾听你的演讲。

利用眼神，俘获听众的心神

眼神是灵动的，因为眼神是思想的折射；眼神是有力量的，因为它是心灵的表达；眼神是震撼的，因为眼神中蕴含着丰富的情感。要想打动听众的心，就要善用眼神的力量。

眼神不仅可以辅助口头语言表达思想感情，有时甚至能够直接代替语言。例如，在演讲中，当现场出现不安定因素时，演讲者可以不用开口，而盯视骚乱听众，凭借一道严肃坚定的目光，使听众心领神会，注意听讲。在这里，眼神就代替了语言提醒，起到了控场的作用。眼睛在演讲过程中，既能输出信息，又能接收信息。演讲者在借助眼神表达信息的同时，也通过双眼察言观色，洞察听众的真实反应。因此，在演讲中，善用双眼的力量往往会得到非常好的效果。下面的几点将会具体说明怎样用眼神来打动人心。

（1）真诚与善意的眼神

当我们想要和听众建立良好的思想交流时，就一定要用自己的真诚与善意去打动对方，因为没有谁会愿意与一个充满虚伪、心地不善的人建立亲密关系。想要向听众展示自己善良真诚的一面，不能只在语言上下功夫，眼神的力量是不可忽视的。我们要注意在演讲过程中一定要恰当地进行眼神交流，用饱含真诚与善意的眼神传达给听众你的诚意，这样听众才会对我们敞开心扉，愿意倾听我们的讲述。

（2）鼓励与支持的眼神

当人们处于内心困顿的状态时，非常需要别人的鼓励与支持。然而这个时候，语言往往不能很好地发挥作用，不能很好地表达我们的情感，因此，我们一定要适时地用鼓励与支持的眼神表达对听众的理解与信任，告诉他们要振作。那么听众的心一定会被我们的关注而打动，在增强自信，坚定自己信念的同时也会对我们心存好感。

但是有一点我们要切记：在向听众投以鼓励与支持的眼神时，尽量不要微笑，这样会让听众误以为我们是在嘲笑他们的处境，不仅不会起到打动人心的作用，还会带来负面的影响；也不能面色凝重，这样会让听众觉得你是在担忧他们的处境，不仅不会增强他们的自信，反而会令他们更加怀疑自己的能力。

（3）热情赞美的眼神

林肯曾经说过：“人人都喜欢受人称赞。”喜欢从别人那里得到赞美是人类的天性。赞美是一种艺术，正确运用这门艺术，会使被赞美者心情愉快，而作为赞美者自己，也会从中感到快乐。有时候一个充满热情的赞美的眼神会比赞美的话语起到更好的效果，因为语言往往不能全面准确地将我们的心思表达出来：说得过少达不到我们想要的效果，说得过多又会显得比较做作，给人不真实的感觉。所以，我们一定不要吝啬自己赞美的眼神，适时地加以运用会给我们的演讲增光添彩。

不过当我们运用赞美的眼神时，一定要掌握好分寸，既要让听众看到我们的关注，又不能让他们觉得我们是在刻意关注他们，这样会让他们觉得难堪。比如，当我们要赞美刚刚发表独特看法的听众时，就要注意：切忌对人上下打量，因为这样会让对方觉得不自在，甚至有种被嘲笑的感觉。

（4）深切关心的眼神

生活中，人们难免会有情绪低落的时候，这时，人们最需要的就是别人的关心。然而，在不同的表达方式中，用眼神向对方表示自己深切的关心无疑是种极佳的选择。例如，工作会议上，作为领导者，面对刚刚遭遇挫折而情绪低落的下属们，我们往往不容易找到适宜的语言去安慰他们，因为此时他们大多不愿再回忆起这次令人不快的经历，而如果我们转移话题与他们谈论其他事情，又显得对他们关心不够，也会让下属们心里不舒服。因此我们不如用深切的关心的眼神来传达自己对他们的关注和支持。这样，他们会感受到我们的关心，也会体会到我们的用心良苦，从而被我们的举动所打动。

眼神是一种无形的力量，更是一种无声的语言。饱含情感的眼神往往要比直接的言语表达更加有效，它不受时间地点的限制，更不受身份地位的约束。演讲中，如果能够善用眼神的作用，一定能够赢得听众的好感和尊敬，使我们的演讲更加出众。

演讲者“魅惑”一笑，听众瞬间倾倒

微笑是我们最常见的表情，有时候微笑代表善意、宽容，有时候微笑代表自信。微笑牵涉我们的文明素质、生活内容和节奏，也牵涉民族性格和文化传统。微笑是内心的愉悦自然地流露在脸上，它是伪装不出来的，非伪装不可，也是苦涩的微笑，倒不如不进行伪装的好。

演讲中，微笑是一项不可或缺的表达技巧。美好的微笑，能够体现演讲者的信心与修养，同时也是对听众的一种友善与信赖。在演讲中，无论演讲者的状态如何、心情怎样、情绪好坏，只要他真诚地笑，听众便可立即读懂这种语言，并且受到演讲者的感染。微笑是令人愉悦的，是收获友谊、赢取信任、促进关系、化解对立的重要手段。

当然，微笑是有所讲究的：

（1）首先要学会微笑

如果你对别人抱着友好的态度，对社会具有好感，自然会笑口常开，久而久之，微笑会自然地变成你自身的一部分。所以你每天都应抽出点时间去笑。笑，能使你在社会上人际关系融洽，家庭中天伦之乐融融，演讲时感染力十足。

如果你平时不太喜欢笑，又想学会笑，那么可先从搜集和剪贴各种趣事和笑料做起。用剪贴簿搜集资料当然很花费时间，但是只建立一个简单的笑料档案却很容易，把你所喜欢的和别人代你找到的笑话和漫画剪下来就可以了。

另外，再预备一本记事簿，记下日常生活中遇到的可笑事情，你一翻阅就会笑起来。

（2）笑要注意场合

笑在一般场合中都是畅通无阻的通行证，但这并不意味着它在任何场合中都适用。如果在不该笑的场合中笑了，那么，非但无法增强现场良好气氛，还会遭到听众的冷眼相对，甚至会引起众怒，这当然是很糟糕的。因此，我们在运用笑的时候，一定要注意场合。例如，当你为葬礼或追悼会致辞时，你面对悲痛欲绝的死者家属、亲朋好友，就千万不能笑。

（3）不要取笑他人

在演讲中运用笑和幽默时，不要把别人作为取笑的对象。特别是不要取笑别人生理上的缺陷，如斜眼、麻面、跛足、驼背等。对别人的不幸，你应该给予同情才是。如果你在为残疾人士做励志演讲，那么在说话时，一定要避免使用易使人联想到缺陷方面的笑话。在某种特殊的氛围中，不如将自己作为取笑的对象，文雅地嘲笑自己，以此使整个场面松弛、欢快。

（4）应考虑对象

笑和幽默是孪生姐妹，但在运用时应注意对象。也就是说，要看听众的职业、职务、性别年龄和社会地位，要是不考虑这些，乱来一气是会把演讲搞砸的。

此外，还应考虑听众的文化层次以及地域、国情、国别，还要记住听众的宗教禁忌。

当你面对的听众地位较高或职务重要时，你不能无端地使用笑和幽默，而应先提出对方感兴趣的话题，然后在演讲中有分寸地表现你的笑和幽默。

再次强调一下，对听众微笑，对听众运用笑和幽默，是为了增进彼此关系，促进现场气氛，融洽双方交流，使演讲在美好的氛围中顺利进行，并不是为了显摆你的聪明才智，更不可取笑和嘲弄别人，否则，笑就会变成仇恨的种子。

手势到位，气势紧紧跟随

手势是人类最早使用的、至今仍被广泛运用的一种交际工具。在长期的社会实践过程中，手势被赋予了种种特定的含义，具有丰富的表现力，成为人类表情达意的最有力的手段，在肢体语言中占有最重要的地位。手势的“词汇量”在肢体语言当中相当丰富，在演讲过程中，如果能够恰当地使用手势，就能帮助你更好地和听众进行沟通，使你的谈吐更有魅力、更加动人。

在演讲中，稳重而自然的手势，可以辅助演讲者平静地强化主题；急剧而有力的手势，可以辅助演讲者表现情感；柔和而含蓄的手势，可以辅助演讲者表明心迹。下面，给大家讲讲演讲中的手势分类：

（1）情绪性手势

情绪性手势是伴随着演讲者的情绪起伏而发出的，常常用来表达或强调演讲者的某种思想感情、情绪、意向或态度。比如说，高兴时拍手称快，悲痛时捶打胸膛，愤怒时挥舞拳头，悔恨时敲打前额，犹豫时抚摸鼻子，着急时双手相搓。一般来说，用手摸后脑勺则表示尴尬、为难或不好意思，双手叉腰表示挑战、示威或自豪，双手摊开表示真诚、坦然或无可奈何，扬起巴掌猛力往下砍或往外推，表示坚决果断的态度、决心或强调某一说辞。情绪性手势是演讲者内在情感和态度的自然流露，往往和表露出来的情绪紧密结合，鲜明突出，生动具体，往往能给听众留下深刻的印象。

（2）指示性手势

指示性手势是用来指示具体对象的手势动作。比如，用手指指自己的胸口，表示谈论的是自己或跟自己有关的事情；伸出一只手指向某一座位，是示意对方在该处就座。指示手势还可以用来指点对方、他人、某一事物或方向，还可以表示数目、指示演讲中的某一话题或观点等。指示性手势可以增强演讲内容的明确性和真切性，便于及时掌握听众的注意力。

（3）模拟性手势

模拟性手势是指比画事物形象特征的手势动作。如抬起手臂比画一个人的高矮，伸出拇指、食指构成一个圆圈比画鸡蛋的大小，抡起胳膊侧身往后模仿骑马，等等。模拟性手势在一定程度上能使听众如见其人，如临其境，由于它往往还带有一点夸张的意味，因而极富感染力。

（4）象征性手势

象征性手势是表示抽象意念的一类手势动作。这种手势往往具有特定的内涵，使用十分普遍。第二次世界大战期间，英国首相丘吉尔推广的一种象征胜利的“V”型手势（伸出右手的食指和中指构成“V”字形状，余指屈拢）；19世纪初风行于美国而后在欧洲被普遍采用的表示良好、顺利、赞赏等意思的“OK”手势（大拇指与食指构成一个圆圈，其他三指伸直张开），就是属于此类。在我国，举起握成拳头的右手宣誓表示庄严、忠诚和坚定；少先队员们将右手举过头顶象征人民的利益高于一切；跷起大拇指表示称赞、夸奖；跷起小指表示贬斥、蔑视。象征性手势能给演讲制造特定的气氛和情境，从而加强语言的表达效果。

（5）礼仪性手势

礼仪性手势是指用于致意、表示礼貌的手势动作。比如说，挥手相送表示依依惜别；鼓掌致意表示欢迎、赞扬与支持等等。礼仪性手势是演讲中不可缺少的交流工具。需要指出的是，前面四种手势的划分并不是绝对的，有时，一个手势可以包含几种意义。比如说到要去“拥抱明天，拥抱未来”，可能会激动地撒开双手向前伸出，这既是一种情绪的自然流露，又带有指示或象征意味。

手势在演讲中的运用非常多，包括扬手、拱手、招手、摆手、摇手、伸出手臂或手指等动作。不管是哪一种手势动作，都要做到有感而发，准确、自然、优雅而不生硬，还要从实际出发，使动作恰当而简明地说明问题，表达感情。运用手势时还应与自己的眼神、面部表情相结合，才能恰如其分地表达手势的意思。

当使用必要的手势辅助语言表达时，应该遵循以下原则：简洁明确，不滥用手势，致使听众辨别不清你的手势含义；幅度适度，手势使用要自然，通常以小幅度为宜，如果手势幅度过大、使用频率过多，会显得浮躁张扬，不够稳重；自然得体，不要刻意设计模仿，否则有可能虚假失真；和谐统一，使手势动作与自己的谈话表情要和谐一致，有助于思想意识的正确表达。

手势对演讲的效果有很大的影响。由于手势具有具体、鲜明、形象、动作幅度较大的特点，所以在辅助表情达意、增强演讲的吸引力等方面，具有特殊的功能。潇洒的手势，最主要的特征是协调、适度，给人以美感。然而许多的演讲者并不重视手势的运用：有人在演讲时表现得十分机械，要么两手直立下垂，要么双手按在讲台上，缺乏必要而合适的手势动作；有的人虽然使用了手势，但并不潇洒，也没什么变化，只是机械地比画几下，或一直重复一个习惯动作；有的人在演讲时动作过多，令人眼花缭乱，手势非常夸张，让人感到滑稽、别扭，殊不知，不规范、缺乏审美感的手势，不但对演讲起不到积极的作用，反而会分散听众的注意力、甚至使听众厌烦。

总之，在演讲中恰当地使用手势，能够增强语言表达效果和感染力，增加谈吐的魅力。要想成为一个优秀的演讲者，我们就必须重视手势的特殊作用，积极规范自己的手势动作。

必须要注意肢体语言的文化差异

肢体语言是存在文化差异的，也就是说，在不同的文化背景下，某些肢体语言表现出来的意义是截然不同甚至完全相反的。在全球化程度越来越高的今天，随着国际间的交往越来越频繁，为了更加顺畅地交流和沟通，我们有必要对其他地域和民族的肢体语言的含义加以了解。

早在古希腊战争年代，双方为了友好不再打仗，都把盔甲、面罩取掉。以后，人们在交际场合表示友好时，就模仿推开盔甲、面罩的动作，逐渐演化成现在表示礼貌与尊重的“举手礼”。

除了“举手礼”之外，古代的人们为了表示友好，表示不再争斗，就把手伸出来，让对方看看。意思是说：“我手中没有武器，和好吧！”这一动作久而久之，就形成了今天的“握手礼”。

“举手礼”“握手礼”业已为全人类通用，还有一些表情达意的动作是各民族特有的，需要我们有意识地熟悉它们，才能正确使用它们。例如中国人指鼻子表示“我”，而美国人表示“我”则要指胸；英国人在演讲的时候，为了使听众安静下来，往往举起双手，举到同自己头部一样高，掌心向下，而希腊人则把这种动作看作最大的侮辱或蔑视。

比如，鼓掌：在中国人看来，观众和听众鼓掌，表示友好、称赞，表演或演讲者也鼓掌，表示谢意。而在英语国家中，表演者或演讲者带头鼓掌，则表示为自己鼓掌，他对自己的演讲感到非常满意，为自己的演讲感到骄傲。

再比如，嘘声：在中国人的意识中，这是在喝倒彩，表示反对、鄙视、羞辱、轰赶等含义，如，那位讲师刚演讲完，台下就响起了一片嘘声。而它的英文含义则是要求安静——会场一片嘈杂，演讲者把中指放到嘴边发出轻微的嘘声，请听众们保持安静。

世界各地肢体语言的差异有很多，受篇幅所限，以上举例并不全面，但足以说明各国各民族肢体语言的不同，忽视它，就会给我们的演讲造成不必要的麻烦。因而，在给不同文化背景的人做演讲时，我们一定要注意理解对方的肢体语言的独特含义，并使用恰当的肢体语言，这样才能实现更加顺畅的沟通，使自己的演讲更有魅力。

时刻以自信姿态，出现在听众面前

自信是这样一种心态：你相信自己的观点是正确的，你相信自己的能力是出众的，你相信自己演讲一定会成功。

作为演讲者，我们需要有足够的自信。因为，不可能每一次演讲都成功，你可能有马失前蹄的时候：不可能所有听众都听你的，信服你；不可能所有的听众都欣然接受你的观点，所以，想要成为一名优秀的演讲者，你必须要有足够的自信心。

毋庸置疑，如果你连对自己都没有信心，连自己都说服不了自己，又怎么能说服听众、感染听众接受你的观点呢？

卓越的演讲者的显著特征是，他们无不对自己充满极大的信心，他们无不相信自己的力量，他们无不对自己的演讲充满信心。而那些失败的演讲者，其显著特征则是缺乏信心，正是这种信心的缺失使得他们唯唯诺诺、言不知所谓。

坚定地相信自己，绝不容许任何东西动摇自己，这样的演讲者才能获得成功，这也是所有取得伟大成就的人士所共有的基本品质。事实上，即便是那些曾经影响世界的伟人，他们之中绝大多数也曾落魄潦倒，并经历了多年的黑暗岁月，在这些落魄潦倒的黑暗岁月中，他们看不到事业有成的任何希望。但是，他们毫不气馁，继续兢兢业业地刻苦努力，他们相信终有一天自己会翻身，而后来，他们的坚持也成就了他们。事实上，要不是他们的信心、希望和锲而不舍的努力，这种光明的时刻、这种事业有成的时刻，也许永远就不会到来。

既然自信对于演讲者而言如此重要，那么我们要如何才能在听众面前表现出自己的自信呢？

你必须衣着整齐，笑容可掬，礼貌周到，对任何人都亲切有礼，细心应对。这样，就容易使听众喜欢你，从而增强你的自信。如此，你的自信也必然会自然而然地流露于外表。

不过事实上，对于一位初级演讲者来说，很多时候，我们都是非常热情面对听众，却遭遇他们的无精打采，甚至顶撞冒犯，如此一来，我们好不容易建立起来的自信就很容易流失。如此这般，我们又如何将其保持下去呢？这就要看你的自信心是否坚强了。你一定要沉住气，千万不要流露出不满、委屈的言行。要知道，听众与你接触时，并不会在意自己的言行是否得体，而总是在意你的言谈举止。听众一旦发现你信心不足，则对你的演讲就更不会有什么好感了。即使他认为你的演讲主题不错，也会百般挑剔或者不感兴趣，而这，正因为你失去了自信。

另一方面，听众通常也喜欢与才能出众的演讲者互动，他们不希望与毫无自信的演讲者打交道，因为他们也希望在别人面前自我表现一番。再者，他们怎么会愿意与一个对自己的观点都缺乏信心的人畅谈人生呢？

相反，如果你对自己和自己的演讲充满了自信，那你必然会有一股不达目的绝不罢休的气势。坚持下去，胜利终究会属于你！

此外，自信会使你的演讲变成一种享受。想一想就会明白，不自信的演讲者一定会把演讲当作去受罪，是被迫当众讲话的令人厌烦的工作。然而自信却能使你把演讲当作愉快的生活本身，既不烦躁，也不会厌恶，这是因为你会在自信的演讲中对自己更加满意，更加欣赏自己。

自信既是演讲者必备的气质和态度，又可说是能俘获听众的一个妙计，因为自信也有分寸，不足便显得怯懦，过分又显得骄傲，所以，我们要善加把握。

如果你想成为一流的演讲者，那么就必须时刻保持自信，因为只有自信，才会让听众对你产生信任，进而对你的演讲、你的观点产生信任，才会对你心悦诚服。

CHAPTER 05

热场：引爆现场氛围，形成局面支配

演讲，非常关键的一步，就是牵动听众情绪，进而使听众与你达成思想共鸣，所以在演讲中，你需要不断为听众设置一些“兴奋点”。在演讲中设置兴奋点，不仅能够使演讲者本人完全进入状态，而且能让听众跟着演讲者的节奏走。这样，台上台下就会有呼有应，同悲同喜，形成讲与听融为一体的整体效应。

演讲，不是一个人背台词

一篇演讲，如果无法让听众和你产生共鸣，那就是自说自话；

一篇演讲，如果无法让你的听众受到感化，那就是呆板的说教；

一篇演讲，如果从头到尾都没有一点掌声，那显然不能称之为成功!

真正的演讲，是心灵的沟通——演讲者全身心地投入其中，用生命去演讲，用灵魂去感化听众，让听众能够触摸到自己的心跳，让听众和自己一起哭一起笑，让自己的激情流淌进听众的血液中，让自己和听众、听众和自己融为一体！这样，演讲者才能用自己的生命去点燃别人的生命。

演讲的本质是沟通，是演讲者与听众心灵之间的交流，是真挚而热情的情感互动，绝不是客观事理的空洞说教。事实上，很多演讲者在这方面做得都不够好，他们在演讲中，往往都是一个人在唱独角戏，并没有与听众做一些必要的互动，像是把自己隔离起来，机械地重复演讲内容。这样的演讲势必给人枯燥呆板、索然无味之感，甚至会令听众喝倒彩。

我们来看看高明的演讲者是怎么做的。

陈诚是上海一家食品公司的销售经理，他在给销售代表讲述“麦当劳连锁经营模式”时是这样说的：

首先，我想问问大家，你们之中谁没有吃过麦当劳？（大家表示都吃过。）

好，既然都去过，那么大家知道吗？麦当劳平均每2小时就在世界上新建一家连锁店，而且麦当劳的标准非常统一，质量有保证，每个连锁店的产品几乎是一样的。你们知道它是怎么做到的吗？（略作停顿）因为它采用的是连锁经营模式。那么，什么是连锁经营模式呢？简而言之，就是把工业化生产原理运用到连锁企业经营中。问题又来了，什么是工业化生产形式呢？打个比方说明一下，咱们买衣服买的都是成品衣，是在制衣厂加工生产出来的，而不是在小服装店做出来的。为什么要在工厂加工？因为加工厂能够将复杂的服装分解成无数个细小的单元——由专业设计师进行设计，由专业人员裁剪，由专业机工轧每个部位，由专业人员锁眼、熨烫。这样，就能保证衣服以最低成本、最高效率、最理想的品质、统一的标准加工出来。

从这个意义上讲，麦当劳连锁店也可以说不是建出来的，而是在流水线上生产出来的。这样，麦当劳才能保证自己连锁店的建店速度、服务质量以及统一标准。这就是麦当劳能够风靡世界，无限扩张，并保证自身品质和标准的最根本原因。

陈诚在演讲中，步步深入，牵动听众的思维跟着自己的节奏走，他使用了5个问句，形成了一条清晰的脉络，将主题思想极富逻辑性地向听众进行了阐述。最值得称赞的是，他的这种方式很好地形成了与听众之间的交流感，调动了现场的氛围，使枯燥的讲述变成了愉悦的沟通，从而达到了演讲的目的。

美国旧金山著名喜剧导演约翰·坎图曾经说过："通过唤起听众情感上的共鸣，让他们参与到演讲中来。也许在生活中有一些特殊事件对人有很多特别意义——比如说人生中的许多第一次，第一辆车，第一次约会……这些都可以将人吸引到演讲中去。这里有一件事需要注意——必须澄清为什么你要让听众想这些情感上的东西。它必须与你的讲话有关并且能够说明问题。”的确，成功的演讲并不是一个人唱独角戏，而是演讲者与听众都在讲。演讲者应该把更多的注意放在听众身上，创造更多的机会与听众进行情感交流和心灵互动，从而将现场气氛点燃，让演讲变得更加生动而有趣。

你必须把听众带到演讲中来

很多人在演讲时，只说自己认为有用的话题，但可能听众对这些事情却感到无聊至极，所以他们的演讲不可能成功。你要想使自己的演讲出彩，就要把听众的积极性调动起来，让他们都融合到演讲中来，

对此，卡耐基深有体会，他说：“在一次演讲前的宴会上，我坐在主持人身边，他竟然对每一个人都感到好奇，不停地打探情报，比如那个穿蓝西装的人是谁，那个帽子上缀满鲜花的女士叫什么？直到他站起来讲话，我才知道他为什么那样做。他非常巧妙地把刚才了解的情况用到了自己的演讲中，那些被他提及的人，脸上都洋溢着快乐，而这个简单的技巧也为他赢得了听众的友谊。”

成功的演讲需要演讲者使他的演讲成为听众的一部分，同时也使听众成为演讲的一部分。所以，在演讲过程中，我们的心里始终应该想着听众。这里有一些简单实用的方法，可以帮助你将观众拉到演讲中来。

（1）以前排听众为突破口

无论演讲者在演讲之前对他的听众群体做了怎样的了解，但对于听众来说，你都是个陌生人。因为陌生，听众一般会对你抱有戒备心理，他们与你交流的意愿不大，因为他们不认识你。

这个时候，我们需要寻找一个突破口，与听众建立联系，以求进一步得到听众的认可。坐在前排那部分听众就是你最好的切入口，因为：

坐在前排的人往往是抱着听讲的目的而来的，他们希望能够从你的演讲中有所获益，因而态度比较认真，而后排听众可能是被“强迫”来的。

前排听众离你近，对你容易产生同理心，相对而言更容易支持你。

前排的听众可能年龄小，或者是老人、女人，他们往往更容易受到情绪感染，容易跟随演讲者的节奏走。

因此在演讲开始的一段时间，我们可以想方设法去与前排听众交流，调动起他们的兴趣和感情，以致传到后面，传到全场。

有一位演讲者，为了说明汽车在刹车后，要惯性前进多长距离才能够完全停住，他邀请一位前排听众辅助他做现场展示。当这个听众拿着卷尺一端，沿着讲台把它拉出 45 尺时，其他听众都在目不转睛地看着。如果不是用上这招表演术，听众们还在关心晚上吃什么，或是去哪里消遣呢！

（2）赋予听众参与感

被动接受与积极参与是两个完全不同的概念，听众是被动还是主动，将决定你演讲的成色。即使演讲时只是你一个人在说话，你仍应该想方设法使听众产生互动的感觉。

1956 年，印尼前总统苏加诺访华，受清华大学邀请前往该校做演讲。苏加诺风度翩翩地走上台，但他并没有马上开始演讲，而是对清华学子们说："我请各位向前几步，我愿更靠近你们。"

清华学子们向前移动了几步。苏加诺又说："我请诸君笑一笑，因为我们面对着光辉的未来。"清华学子们全都笑了起来，现场的气氛变得非常轻松愉悦，这种愉悦气氛一直保持到演讲结束。

苏加诺顺势而为，轻而易举便将听众带入到了演讲之中。他这一招，不但有效缓解了彼此之间的陌生情绪，令学生们以愉悦的状态迎接他的演讲。同时，也为自己树立了亲和、机智、幽默的良好形象。

（3）让听众当演员

演讲演讲，就要有演有讲。如果能够把听众吸引到演讲中去，让他们当一回"群众演员"这对提高听众兴趣，建立听众联系，加强听众注意力，是一个上乘之法。

中国 TED 式跨界演讲沙龙"多角度沙龙"，就特别注重演讲现场的互动。比如，网络红人"校门舞男"肖剑在做演讲时，就把部分听众请上台来，一起跳了场舞；讲"即兴戏剧"的支叙心在演讲时，则邀请了几名听众参与表演，让听众以最直接的方式感受什么是即兴戏剧……这些互动非常成功地调动了现场气氛，使听众卸下抵触、放下拘谨，全身心投入到演讲中来。

（4）问一些"是不是""对不对""好不好"的问题

可能有些人不太明白，为什么要这么问呢？想象一下，当你问听众"你们是地球人还是外星人？"可能有人会回答"地球人"，可能有人根本置之不理，也许他认为这个问题根本没有必要回答。但当你问听众“你们是不是地球人？”听众会脱口而出说“是”。

最后强调一下，演讲者调动现场气氛，与听众互动，需遵循自愿原则。如果在自愿参与的情况下，现场冷淡，可以鼓励和邀请。但切记，不要生拉硬拽，强迫参加，否则必然适得其反，弄得彼此都尴尬。

把背景炒热，听众印象更深刻

气氛是在演讲过程中产生的影响各方的心理因素，气氛看不见摸不着，但是有经验的人甚至只需要一眼就能看出它的存在。热烈的气氛能够调动起各方的情绪，在热情迸发时听众也更倾向于接近演讲者。因此，把气氛炒热是做好演讲的重要手段。

创造热烈演讲气氛的方法很多，现场即兴“表演”便是有效的一种。我们常常看到这样情形：在演讲中，有的演讲者会来一段即兴表演，高歌一曲，诵诗一首，每每激起阵阵欢笑，为演讲锦上添花，演讲者也给人留下深刻印象。这说明，得体的临场献艺不失为谋求积极交流的有效手段。

但不管采取哪种形式，有几个问题需要把握：

（1）要满腔热情，有表现欲

有些人以为在演讲中表演，显得不稳重，有失风度。其实，这是一种偏见。不应把这种即兴活动与正式演讲对立起来。在演讲中适当搞一点活动，有助于塑造自己的良好形象，推动演讲气氛。因此，对此要有热情，要放下架子，有为演讲锦上添花的欲望。

也有些人说："本人缺少'艺术细胞'，岂敢当众献丑。"其实，每个人都有自己的特长，都有比别人高出一筹的技艺。即使五音不全，也可能装了满肚子故事、笑料，或能玩几手小戏法之类等等，任何一种技艺，哪怕是所谓的"雕虫小技"，都可能在特定场合找到施展的机会，这就看你有没有勇气和自信，想不想一展风采，为实现自己的演讲宗旨服务了。

即兴而作毕竟不同于舞台演出，它并不要求人们有多么高超的艺术造诣，也不需要追求什么高水平的艺术效果，它不过是用来活跃气氛，展示自我，推动演讲的一种"调料""味精"而已。如此看来，假如你技艺很高，令人叫绝，那当然好，抑或你的技艺平平，只会做滑稽动作，甚至演砸了，现了"丑"也没有什么了不起，只要逗大家一乐，能引出惬意的笑声，活跃了气氛，也能产生良好的效果。

（2）节目要有趣味，又要便捷

即兴表演通常没有准备时间，所以要善于选择那些不用大道具，或完全不用道具的节目为宜。若能就地取材，以现场的一个小物件为道具拿来表演，效果就更好。同时，节目内容应与演讲宗旨、气氛相协调，有助于烘托和推动现场气氛为宜。特别是即兴赋诗、作对联等在内容上直接体现演讲主旨，那就更有意义了。

（3）要恰到好处，适可而止

现场即兴献艺只是演讲的一种点缀，所以应以短小精悍，生动有趣的节目为宜，不能搞得太长，更不能喧宾夺主，冲淡了演讲的主题。如此恰到好处地通过即兴而作给演讲加点"彩"，演讲就会变得更有味道了。

根据演讲主题，营造现场气氛

如果只是演讲者自己在台上自说自话、滔滔不绝，而台下氛围却如一潭死水死气沉沉，甚至有人哈欠连天，显然算不上成功的演讲，所以调动演讲的现场气氛尤为重要。在演讲过程中，演讲者热场的最高境界莫过于，营造一个让听众与自己完全融合的氛围，并确保这个氛围的总开关掌握在自己手中。

所谓调动气氛，其实就是演讲者运用恰到好处的手法，形成自己与听众间的互动与共鸣，借此营造出一种演讲所需要的现场氛围，或者庄严，或者肃穆，或者热烈，或者活泼，或者激昂，或者悲痛……

作为希望工程的发起人之一，有一次，谢海龙受北京 21 世纪国际学校小学部邀请，为该部学生做演讲，这所学校的孩子大多来自富裕家庭。谢海龙登上讲台，还没等开始演讲，底下的孩子便交头接耳嘈杂成一片。谢海龙叫了几声安静，毫无效果。于是，他请一位老师将电灯关掉，讲堂瞬间一片漆黑，突如其来的黑暗也使孩子们安静了下来。

这时，谢海龙"啪"的一声打开幻灯机，大屏幕上顿时出现了那张有名的"大眼睛"照片。正当孩子们的注意力全被照片吸引之际，谢海龙突然问道："同学们，你们家里有没有照相机啊？"孩子们异口同声：

“有！”谢海龙又问：“那么，你们会不会照相？”大部分学生又齐声答道：“会！”这时，谢海龙指向前排的一位同学，说道：“请你说说看，为什么要照相？”那位同学起立回答说：“留作纪念啊。”谢海龙说：“好！那么接下来，老师就请大家一起看看，我给那些山区孩子拍的留念照片吧！”然后，他每播放一张照片，就讲述一个相关失学儿童的故事。孩子们听得聚精会神，全部进入了谢海龙设置的“规定情景”中，更是对那些贫困学生产生了极大的关注和同情。

谢海龙以相片为媒介，在现场营造了一种安静严肃的气氛，这种技巧是非常值得借鉴的。

需要注意的是，气氛的营造必须从演讲主题出发，以现场具体情境为参考，针对听众当下的情绪和心态，创造性地使用合适的语言或手法。只有这样，演讲者与听众才能形成情绪上的互动，达到思想上的共鸣。

活跃演讲氛围的8个妙招

如果你想轻松地演讲，并保证演讲顺利进行，最终取得成功，那么良好、活跃的沟通氛围必不可少。所以当你走上讲台，千万不要让冰霜结在脸上，须知一个面带愁容的人是决不会受人欢迎。所以最好是神态自若。神态自若是心态平和的体现，它包含有嘲笑自己的勇气和对别人的宽容与真诚。这有利于你热情主动地与听众交流，使你顺利地引起听众的注意力。以下是我们精心总结归纳的几种活跃演讲氛围的方法，大家很有必要借鉴一下，它们会对你的演讲大有帮助。

（1）善意的恶作剧

有分寸地、善意地取笑别人并不是坏事。善意的恶作剧具有出人意料的效果，它能带给众人欢笑。听众在捧腹大笑之际，超脱了习惯、规则的界限，享受不受束缚的“自由”和解除规律的“轻松”。

（2）带些小道具

做一场演讲，也许你会因为打不开局面而陷于窘境，也许会在演讲中途出现冷场。这时，你随身携带的小道具便可发挥作用。一个精致的钥匙链可能引发一大堆话题；一把扇子，既可用来遮阳光，又可在上面题诗作画，也可唤起大家特殊的兴趣。小道具的妙用不可小瞧。

（3）引发共鸣

演讲最忌讳一个人唱独角戏，听众默默无声。为避免这一情形，就必须寻找能引起大家最广泛共鸣的内容。有共同的感受，彼此间才可以无障碍交流，现场气氛才会热烈。所以，你一定要把演讲内容与听众的好恶、最关心的话题、最擅长的拿手好戏等因素联系起来，以免出现冷场。

（4）自我解嘲

自我解嘲，顾名思义就是自己嘲讽自己、调侃自己，这也是一种正话反说。它是一个人心境平和的表现。它能制造宽松和谐的演讲气氛，使听众感到你的可爱和人情味，从而改变对你的看法。在演讲中，适时适度地“自嘲”，往往会收到妙趣横生、意味深长的效果。

（5）怪问怪答

演讲中，不时穿插一些意想不到的、貌似荒谬而实则有意义的问题，是很好的一种活跃气氛的形式。那些一本正经的人会给人古板、单调、乏味的感觉。也许会有听众问你一些荒谬的问题，如果你直斥对方荒谬，或不屑一顾，不仅会破坏现场气氛，而且会被人认为缺乏幽默感。

（6）寓庄于谐

演讲需要庄重，但长时间保持庄重气氛就会使人精神紧张。寓庄于谐的交流方式比较自由，在许多演讲场合都可以使用。用幽默、诙谐的语言，同样可以表达较重要的内容。

（7）制造悬念

在演讲里，悬念是演讲家的“包袱”。有意制造悬念，会使人更加关注你的一举一动。在大家精力集中、全神贯注时抖开“包袱”，而后人们便发觉这是一场虚惊，都会付之一笑，报以掌声。

（8）反话正说

运用反话正说的方法，重要一点在于处理好一反一正的关系。在演讲中，准备对某个观点进行否定时，却先来一个肯定，也就是在表达形式上，好像是肯定的，但在肯定的形式中巧妙地蕴藏着否定的内容。正说时要一本正经，煞有介事，使听众产生听下去的兴趣。然后，再以肯定的形式抖出反话的内容，与原先说的正话形成强烈的对比，从而产生鲜明的讽刺意味，让人信以为真，增强谈话的效果。

与听众寒暄，一点也不简单

在社会交际中，寒暄是一种很重要的礼节。有人认为，寒暄只是人们碰面时打个招呼而已。而事实上，对于演讲者来说，面对初次见面的听众，寒暄的内容和方法是否得当，很有可能决定演讲的成败。与听众初次见面时，为了消除彼此之间的陌生感、缓解紧张气氛，我们可以先谈一些与主题无关但大家都熟知的话题，比如天气、社会新闻等，这样一来，就能迅速地拉近彼此之间的距离，营造出一种亲切友好的气氛，为之后深入的交流沟通打下良好的基础。

寒暄看似简单，也没有什么固定的程式，但要恰到好处地运用并充分发挥其作用，却要花点工夫。那么，面对听众，如何恰如其分、颇有成效地进行寒暄呢？

（1）寒暄要积极主动

在与听众寒暄之前，要迅速培养自己的愉快情绪，积极主动地跟他们寒暄。这样不但能表现出你对听众的尊重，还能向听众充分地展现自己真诚和进一步交流的良好欲望。同时，积极的姿态也能充分地展现你富有自信、易于沟通的个性。

（2）寒暄时要有礼貌

在面对听众时，礼貌的寒暄必不可少。在寒暄时表现得谦恭有礼，说话文雅礼貌，才能给大家留下一个良好的印象。

（3）要善于选择话题

社会学家的研究表明，在陌生人相见的最初四分钟里，只适宜做一般性的寒暄，比如问候、自我介绍等等，以及谈论一些无关紧要的话题。此时，应绝对避免提出易于争议性话题、不易回答的问题以及大而无当的话题。寒暄的基本原则是表现出自己的亲和力，让听众感觉到自己的热情。

（4）要注意寒暄时的表情、姿势和语气

微笑在社交中的重要作用是众人皆知的。所以，在与听众寒暄时，一定不要忘记展露你真诚的笑颜。此外，还要注意保持优雅的姿势，上身挺直，和听众保持目光的接触。

寒暄时的语气要轻松而柔和，富有感情，就像家中茶余饭后的闲谈一样，让听众消除抵触心理和对立情绪。

（5）不要忘记及时转入正题

在成功地营造出融洽的气氛之后，要及时转入正题。因为适当的寒暄可以缓和、营造气氛，而过多的寒暄则会让别人觉得你热情过度，从而引起别人的反感，影响交流的效果。

寒暄本身并不正面表达特定的意义，但它是演讲中不可或缺的一部分。寒暄就像一把打开话匣子的钥匙，寒暄能使不相识的人相互认识，使不熟悉的人相互熟悉，使沉闷的气氛变得活跃。在正式演讲开始之前，几句恰到好处的寒暄，能够在短短几句话中，表露出你对听众的热情，能够帮助你很快赢得他们的好感，获得他们的认同，达到沟通感情的目的，并有利于顺利地进入正式演讲。

套个近乎，拉近与听众的感情距离

“套近乎”是社会交际中与陌生人、尊长、上司、听众等沟通情感的有效方式。套近乎的技巧就是在交际双方的经历、志趣、追求、爱好等方面寻找共同点，诱发共同语言，为交际营造一个良好的氛围，进而赢得对方的支持与合作。

许多演讲者的名望不高，也有的时候，我们的演讲主题可能与听众意见对立，这时若想使听众尽快接受自己，重要的技巧之一就是在演讲之初与听众套好近乎，说得雅一点，就是设法拉近情感距离。下面就举例说明一下。

（1）“我和你们很熟”

很多演讲者之所以怯场、紧张，其主要原因就是陌生感，与听众之间的陌生感。所以高明的演讲者往往一开始就和听众套近乎，借此打造一个轻松的氛围，既可以让自己放松下来，又能让听众产生亲近感。比如：

奥巴马在演讲一开场说：“嗨，大家好，你们今天过得怎么样？”

蒂姆库克说：“谢谢大家，谢谢弗吉尼亚那么卖力地推销我。我一度以为她是在介绍别人呢。”

高明的演讲者一定会尽力营造这样一种氛围——“我和你们很熟”，

同时也会尽力让听众相信，演讲者和自己挺熟。

（2）想方设法攀关系

1984 年 5 月，美国里根总统访问上海复旦大学。在一间大教室里，面对 100 多位初次见面的复旦学生，里根总统的开场白就紧紧抓住彼此之间还算“亲近”的关系：“其实，我和你们学校有着密切的关系。你们的谢希德校长同我的夫人南希，还是美国史密斯学院的校友呢。照此看来，我和各位自然也就都是朋友了！”此话一出，全场鼓掌。

短短的两句话就使 100 多位中国大学生把这位碧眼高鼻的“洋”总统当成了十分亲近的朋友。接下来的交谈自然十分热烈，气氛极为融洽。你看，里根总统这段开场白设计得多么巧妙！

（3）把自己拉低一些

有一次，爱国将领冯玉祥率领部队来到抗日前线河南鲁山县，当地民众表示热烈欢迎，并举办了一个“军民联欢大会”。会上，冯玉祥将军发表抗日演讲。冯玉祥将军威名在外，在百姓心中的地位很高，但正因如此，百姓对他的敬畏多过爱戴，又因为冯将军入场时气氛很庄重，更使百姓们多了几分畏意。

然而，冯将军一开口，萦绕在百姓心头的畏惧感顿时烟消云散，取而代之的是十足的亲切感。只听他说道：“各位老叔叔、老婶子，兄弟姐妹们！各位青年学生们！全体官兵兄弟们！你们不是常听说‘老冯老冯’吗？我就是冯玉祥。咱们耳朵里是熟人，眼睛里是生人，从今以后咱们眼睛里也是熟人啦！在这里，我向抗战前线的河南军民致以亲切的慰问和崇高的敬礼！”

一连串亲切的称呼，一句“从今以后咱们眼睛里也是熟人啦”，瞬间拉近了自己与民众之间的心理距离，冯将军这招高明得很。

（4）别出心裁的称呼

知名作家曲啸曾受监狱方邀请为青年犯做演讲。一般人可能想都不会想与这类听众“套近乎”，但曲啸为了缩短与犯人之间的心理距离，吸引他们认真听讲，就这么做了。他开场第一句话说的是，“触犯了国家法律的年轻朋友们。”

就这一句话，就这么一个称呼，一下子就抓住了犯人们的神经，不但使得他们抬起头来侧耳倾听他的演讲，而且在近 3 个小时的演讲过程中，竟没有一个人借故溜号或是上厕所。曲啸的演讲为什么能够取得这样的效果？就是那句犯人们久违的、暖心的“朋友们”起到了作用。

当然，与听众套近乎的方法还有很多，形式也多样，在这里就不一一列举了。关键还在于，演讲者需根据演讲主题、场合，进行创造性地使用。

表达尊重，唤起听众的崇高感

人的性格当中，都有一个共性：需要得到别人的爱和尊重。每个人的内心深处都有一份价值意识，他们希望被看重，希望维护自己的尊严。

谁忽略了这个共性，伤害了这种心理，谁就会失去那些人。

演讲者必须牢记“每个人在人格上都是平等的”这一信条，演讲中不以位高自居、自足、自傲。我们只有在“心理”上尊重听众，才能得到听众的尊重。简单的道理就是：爱人者人恒爱之，敬人者人恒敬之。

著名心理学家诺曼·文森特·皮尔讲过这样一件事：

有一次，我和一位艺人参加一个节目。我和这位艺人并不熟悉，但自从参加那次节目以后，我知道他不会有太高的成就，也知道原因所在。

那天，我一直坐在他身边，等待演讲的开始。

“你很紧张吗？朋友。”他问。

“是啊！挺紧张的。”我回答，“我不知道自己的演讲会不会让听众失望，我一直思考怎样才能尽善尽美，所以难免紧张，难道你不会吗？”

“没有必要的，”他回答，“听众很容易满足的，他们只不过是一群笨蛋！”

“不，我完全不同意。”我说，“他们是至高无上的裁判，我们必须尊重他们。”

后来，这个人的声名越来越差，逐渐退出演艺界。毫无疑问，这是他本人对观众的态度所致。

这对一个演讲者来说，是个多么大的警示！

豪华·哲斯顿被公认为魔术师中的魔术师。他游走在世界各地，一再地创造幻象，所有观众都被他神奇的表演深深吸引。

豪华·哲斯顿最后一次在百老汇上台的时候，卡耐基花了一个晚上待在他的化妆室里，想请哲斯顿先生告诉他成功的秘诀。哲斯顿告诉卡耐基，关于魔术手法的书已经有好几百本，而且有几十个人跟他懂得一样多，因此，他的成功并不是因为他的魔术手法与众不同。

但他有两样东西，其他人则没有。第一，他能在舞台上把他的个性显现出来。他是一个表演大师，了解人类天性。他的所作所为，每一个手势，每一个语气，每一个眉毛上扬的动作，都在事先很仔细地预习过，而他的动作也配合得分秒不差。第二，就是他十分尊重观众。他告诉卡耐基，许多魔术师会看着观众对自己说："坐在底下的那些人是一群傻子，一群笨蛋。我可以把他们骗得团团转。"但哲斯顿的做法完全不同。他每次一走上台，就对自己说："我很感激，因为这些人来看我表演。我要把我最高明的手法，表演给他们看。观众可不是傻瓜，只要我出一点错，他们马上就会发现的，所以我要认真再认真。"

他说，他没有一次在走上台时，不是一再地对自己说："我爱我的观众，我爱我的观众。"也正因为有了对观众的尊重，才使得他的表演更具吸引力。

豪华·哲斯顿完全掌握了做人的一项重要原则：小瞧别人的人，是不会受到别人的尊重和认可的。他尊重他的每一位观众，对他来说魔术不是唬骗观众，而是与观众交流感情的工具。因此他博得了观众的好感，在魔术表演上取得了巨大的成功，他的魔术表演，并不特别比别人的魔术师神奇，但他对观众的尊重帮了他大忙。

听众是非常敏感的，台上的演讲者是以怎样的态度对待他们的，他们立刻就可以感觉得到。演讲者必须认识到，尊重听众，就是尊重你自己。有的演讲者，在台上颐指气使，肆意地指责和贬低台下的听众，觉得自己就是救世主抑或灵魂导师一般的存在，殊不知，这样只会丧失听众对你的尊重，最终使你的演讲失败。

真诚而富有感情，演讲便有了生命

在演讲界流传着这样一句经验之谈："只要心门一打开，演讲口才自然来。"一场成功的演讲，离不开演讲者最真切的感受和最真挚的情感流露。

语言的魅力并不在于你说得多么流利，多么滔滔不绝，而在于你是否善于表达真诚。善于在言谈话语间表达出自己的真诚的演讲者，能够把自己的心意传递给听众，使听众达到情感上的共鸣，从而打动听众的心；而流畅但缺乏诚意的话语，就像没有生命力的绢花一样，虽然美丽但并不鲜活。

有一位老师写了一本《思想政治工作方法》的书，出版社没有给他稿费，而是让他自行推销1000册作为报酬。对那位老师来说，这远比讲课要难得多。

为了把书推销出去，他在学员队搞了一次演讲，他说："……当老师的在这里推销自己写的书，总不免有些尴尬。不过，如今作者也很难，写了书，还得卖书。出版社一下压给我1000册，稿费一文没有，所以我不推销不行。这本书写得怎样，我自己不好评说。不过有两点可以保证：第一，这本书是我用三年时间完成的，是我心血的结晶；第二，书的内容决不是东拼西凑抄下来的，是我自己长期思考的见解。前不久，这本书被思想政治工作研究会评为社科类图书的二等奖，这是获奖证书。说实话，对于我们这些教书匠来说，搞推销比写书还觉得难，只能硬着头皮来找大家帮忙。不过，买不买完全自愿，决不强迫。如果觉得这本书对你有用，你又有财力就买一本，算是帮我一个忙。谢谢。”他的这次演讲立即产生了效果，一次就卖掉了300多册。

这位教员不是专职推销员，但是他获得了成功。从某种意义上说，他的成功就在于他恰到好处地表达了自己的真诚，赢得了听众的信赖。这再一次说明，在演讲中学会表达真诚要比单纯追求流畅和精彩更重要。

真诚的说话，其诚挚的态度能够直接影响听众的情绪，关系到听众对演讲内容的接受程度。诚挚、热情、坦率的交流能够缩短演讲者与听众之间的距离，使听众始终为演讲者的诚恳坦直所打动，大大增强讲话的实效。

大家都爱听刘兰芳说《岳飞传》吧。她为什么说得那么好呢？这与她贯注满腔激情分不开。

许多老演员曾经告诫她，岳飞风波亭受刑一段是说书人“败笔”之处，很难收到艺术效果，一些老演员往往是避而不讲。但是，刘兰芳却认为这一段只要演员深深地“进入角色”，反而更为感人。于是，她大胆突破陈规，对岳飞受刑进行了满含深情的渲染，充分展示了人物的高风亮节。当她说到岳飞不顾皮肉剧痛，在生命垂危之时，依然忧国忧民、仰天长啸，吟出气吞山河的《满江红》时，深为岳飞的英雄气概所感动，止不住热泪滚滚夺眶而出。

正是因为刘兰芳这样声情并茂的表演，所以，每次播讲时，都牵动了千千万万听众的心。

一位女教师找到刘兰芳，紧紧握住她的手说："你讲的奸臣得势，忠良受害，真是太感人了。我想听又不敢听，最后还是下决心流着泪听完了……"

美国成功学家卡耐基劝诫所有的演讲者：不要抑制自己真诚的情感。要让听众看到，演讲人对自己谈论的话题多么热忱、多么富有情感。

第一位获得诺贝尔文学奖的国家元首是英国前首相温斯顿·丘吉尔。他获得1953年诺贝尔文学奖，是"由于他精通历史和传统的叙述，同时也由于他那捍卫崇高的人的价值的光辉演说"。丘吉尔的演说在第二次世界大战期间对于反法西斯军民曾起过巨大的鼓舞作用。

澳大利亚前总理孟席斯评论丘吉尔的演说时说："他深知作为演说家，要想感动别人，首先要感动自己，并对一切了如指掌。"在第二次世界大战最黑暗的时期，当德寇飞机对英国施行狂轰滥炸之时，丘吉尔曾向秘书口授了一篇演讲稿。这里摘录一段精彩的文字：

"我们决不投降，决不屈服。我们要战斗到底。我们将在法国作战，我们将在海上和大洋上作战，我们将满怀信心地在空中越战越强。我们将不惜任何代价保卫我们的本土。我们将在海滩上作战，在敌人陆降处作战，在田野作战，在山区作战。我们任何时候决不投降！"

据丘吉尔的秘书讲，当口授完这篇演讲稿时，这位年近七旬的首相竟"像小孩一样，哭得涕泪横流"——这是何等激动的感情啊！这激情来自对祖国的爱，对敌人的憎，来自珍视自由、热爱和平的崇高信念，大大增强了言辞的感染力。丘吉尔向秘书口授讲稿尚且如此动情，当众演说时的澎湃的情绪便可想而知了！

演讲中，以情动人除了要求演讲者自己要动真情之外，还要求演讲者善于将自己的真情实感淋漓尽致地充分表达出来，迅速激起听众的共鸣。

就此而言，演讲者必须善于体察听众的心境，用饱含浓情的言辞去拨动听众的心弦。

汉代桓谭《新论》中记载着战国时这样一个小故事：

有一个叫雍门周的琴师去见齐国的孟尝君。孟尝君问他："你弹琴能使我悲伤吗？"

雍门周说："我弹琴是想使你愉快，怎能使你悲伤呢？但我替你想想，确也很有可以悲伤的事。譬如百年之后，你的坟上长满了荆棘，放牛的、担柴的在上面跳跳蹦蹦地唱起歌来，他们将唱道：'唉，像孟尝君那样尊贵的人竟也会这样啊！'"

孟尝君听了雍门周的这番话，不禁泛起悲凉之感，眼泪已涌到了睫毛边，不过还没有掉下来。这时，雍门周拨动琴弦，轻轻一弹，孟尝君的眼泪就不由得掉下来了……

这故事真是"未成曲调先有情"啊！让孟尝君潸然泪下的，显然不是乐曲，而是雍门周的一番"开场白"。这"开场白"勾勒了一个悲凉的景象，引导孟尝君去联想"百年之后"的事情，而且，用"我替你想想"表达了雍门周对孟尝君的同情之心，这就很容易地达到了"以情动人"的强烈效果。

雍门周的"开场白"以"催人泪下"为目的，当时并没有竞争对手，还是比较容易做到的。如果是竞选时的演讲，谁更能牵动听众情感，谁就能获胜。此时，这种"牵动听众情感"的本领就显得更为重要了。

高明的演讲者总是用真实的情感、竭诚的态度去呼唤人们的心灵，使它振奋、感化、慰藉、激励。对真善美，热情讴歌；对假丑恶，无情鞭挞。用诚挚的心去弹拨他人的心弦，用善良的灵魂去感化他人的胸怀。让听众闻其言，知其意，见其心，达到情感上的共鸣，就会令演讲如春风化雨，润物无声，潜移默化，产生磁铁般的影响。

不管世界上哪一个民族的语言，只要饱含真诚的情感，就能产生巨大的影响，就能唤起听众的热诚，就有震撼人心的力量。美国著名作家马克·吐温说得好："热情是每个艺术家的秘诀。这如同英雄有本领一样，是不能拿假武器去冒充的。"任何语言，情不真，情不深，则无以动人。

鲁迅说得很深刻："只有真的声音，才能感动中国人和世界人；必须有真的声音，才能同世界人同在世界上生活。"这个"真"就是真实和笃诚。

真诚的态度是成功的交际者的妙诀，也是演讲者与听众融为一体、在情感上达到高度一致、在情绪上引起强烈共鸣的妙诀。那种把自己看作是凌驾他人之上的布道者，或自视为高人一等的儒士、学者，开口就是"我要求你们""大家必须""我们应该"这类的命令式词句，或用满口堂而皇之的言辞掩饰自己的真情，听众是绝对反感的。所以，当你演讲时，不要忘记满怀真情实感。

以自己真实经历，强化演讲感染力

"现身说法"原为佛教用语，意指佛法无边，能现出种种人相，向人说法，现指通过亲身经历和体验来说明某种道理。在演讲中现身说法，很有说服力，也很有感染性，这也是为什么很多成功人士在演讲中讲述自己以及自己身边故事的原因。

汶川地震后，在那个举国哀痛的日子里，白岩松为都江堰第四中学的高考考生做起了临时心理老师。白岩松走到考生中间，发表一段即兴演讲：

“同学们，今天，你们比全国其他地区的考生都提前考了一门课——如何面对磨难和突如其来的打击，而且大家都得了高分。不管你们是在高三，还是在将来的人生道路上，磨难和突如其来的打击，永远都是一门功课。在我 8 岁的时候，父亲去世了。10 岁的时候，从小带我的爷爷去世了。当时，妈妈带着我和哥哥三人相依为命。我们家在东北一个很偏远的小城，冬天，大家知道东北有多冷，我们家最高温度是零上 5 度，由于生活窘迫，安不上自来水，每天要去 200 米之外的地方挑水，我 11 岁就开始干这个活儿。当苦难和打击已经过去之后，回过头来看，这些情景都会带有一种温暖的颜色。我相信很多年之后，你们再回忆起这样一个临时组成的班级、学校，还有一起面对苦难的同学们，你们会觉得，回忆中更多的是温暖，而不是眼前的痛苦。我相信，如果没有这场地震，高考的时候，可能家长都会在校门口等你们，上大学的时候，他们会送你们。有了这场地震，相信你们不再柔弱了，你们已经学会了自己去成长，自己去前进。你们比同龄人又更快地更好地向前跑了一步，你比他们已经有了更多的优势，不是吗？”

白岩松的演讲深深感染了现场的考生们，掌声热烈而持久不衰。

白岩松的演讲之所以引起灾区考生的震撼，除了演讲主题深刻、情感真挚、语言生动外，很大程度上得益于他在演讲中的现身说法——自曝身世坎坷，谈起儿时的痛苦经历及感悟，令在灾难中失去亲人的考生们感同身受。因此，他能与考生们心连心，让大家从中感受到激励与鼓舞。

从白岩松的演讲可以看出，演讲时，如果只使用叙述、说明和议论的手法，给听众造成的感觉往往是枯燥乏味、令人排斥的。而如果演讲者能把自己的亲历亲闻运用到演讲中去，讲出自己的真情实感，就会给听众以亲切、真实、可信之感。这样的演讲才更能打动人，才能调动起听众的情绪，引起听众的强烈共鸣。

需要注意的是，要想将现身说法运用到极致，我们说选用的故事一定要精彩，要有代表性，而不是家长里短、吃喝玩乐一类的琐事。比如白岩松所选用的例子，都是自己成长道路上既深刻又有励志意义的故事。不但能唤起听众共鸣，感同身受，还能让听众有面对困难的决心和对于未来的美好期许。

忆苦思甜，带着听众一起心酸

人生不如意事十之八九，每个人都有着鲜为人知的辛酸事，说一说自己不堪回首的坎坷事，听众会十分感兴趣，而且也能够深刻感染他们的情绪。

我们来看看莫言获得诺贝尔文学奖以后，在瑞典学院发表的那篇著名演讲——“讲故事的人”，以下是部分节选：

我母亲生于1922年，卒于1994年。她的骨灰，埋葬在村庄东边的桃园里。去年，一条铁路要从那儿穿过，我们不得不将她的坟墓迁移到距离村子更远的地方。掘开坟墓后，我们看到，棺木已经腐朽，母亲的骨殖，已经与泥土混为一体。我们只好象征性地挖起一些泥土，移到新的墓穴里。也就是从那一时刻起，我感到，我的母亲是大地的一部分，我站在大地上的诉说，就是对母亲的诉说。

我是我母亲最小的孩子。

我记忆中最早的一件事，是提着家里唯一的一只热水瓶去公共食堂打开水。因为饥饿无力，失手将热水瓶打碎，我吓得要命，钻进草垛，一天没敢出来。傍晚的时候，我听到母亲呼唤我的乳名。我从草垛里钻出来，以为会受到打骂，但母亲没有打我也没有骂我，只是抚摸着我的头，口中发出长长的叹息。

我记忆中最痛苦的一件事，就是跟随着母亲去集体的地里捡麦穗，看守麦田的人来了，捡麦穗的人纷纷逃跑，我母亲是小脚，跑不快，被捉住，那个身材高大的看守人扇了她一个耳光。她摇晃着身体跌倒在地。看守人没收了我们捡到的麦穗，吹着口哨扬长而去。我母亲嘴角流血，坐在地上，脸上那种绝望的神情让我终生难忘。多年之后，当那个看守麦田的人成为一个白发苍苍的老人，在集市上与我相逢，我冲上去想找他报仇，母亲拉住了我，平静地对我说："儿子，那个打我的人，与这个老人，并不是一个人。"

我记得最深刻的一件事是一个中秋节的中午，我们家难得地包了一顿饺子，每人只有一碗。正当我们吃饺子的时候，一个乞讨的老人，来到了我们家门口。我端起半碗红薯干打发他，他却愤愤不平地说："我是一个老人，你们吃饺子，却让我吃红薯干，你们的心是怎么长的？"我气急败坏地说："我们一年也吃不了几次饺子，一人一小碗，连半饱都吃不了；给你红薯干就不错了，你要就要，不要就滚！"母亲训斥了我，然后端起她那半碗饺子，倒进老人碗里。

我最后悔的一件事，就是跟着母亲去卖白菜，有意无意地多算了一位买白菜的老人一毛钱。算完钱我就去了学校。当我放学回家时，看到很少流泪的母亲泪流满面。母亲并没有骂我，只是轻轻地说："儿子，你让娘丢了脸。"

我十几岁时，母亲患了严重的肺病，饥饿、病痛、劳累，使我们这个家庭陷入困境，看不到光明和希望。我产生了一种强烈的不祥之感，以为母亲随时都会自寻短见。每当我劳动归来，一进大门，就高喊母亲，听到她的回应，心中才感到一块石头落了地，如果一时听不到她的回应，我就心惊胆战，跑到厢房和磨坊里寻找。有一次，找遍了所有的房间也没有见到母亲的身影。我便坐在院子里大哭。这时，母亲背着一捆柴草从外边走进来。她对我的哭很不满，但我又不能对她说出我的担忧。母亲看透我的心思，她说：孩子你放心，尽管我活着没有一点乐趣，但只要阎王爷不叫我，我是不会去的。

我生来相貌丑陋，村子里很多人当面嘲笑我。学校里几个性格霸蛮的同学甚至为此而打我。我回家痛哭，母亲便对我说：儿子，你不丑，你不缺鼻子不缺眼，四肢健全，丑在哪里？而且，只要你心存善良，多做好事，即便是丑，也能变美。后来我进入城市，有一些很有文化的人依然在我背后甚至当面嘲笑我的相貌，我想起了母亲的话，便心平气和地向他们道歉。

母亲去世后，我悲痛万分。决定写一部书献给她。这就是那本《丰乳肥臀》。因为胸有成竹，因为感情充沛，仅用了83天，我便写出了这部长达50万字的小说的初稿。

……

在《丰乳肥臀》这本书里，我肆无忌惮地使用了与我母亲的亲身经历有关的素材，但书中的母亲情感方面的经历，则是虚构或取材于高密东北乡诸多母亲的经历。在这本书的卷首语上，我写下“献给母亲在天之灵”的话。但这本书，实际上是献给天下母亲的，这是我狂妄的野心。就像我希望把小小的“高密东北乡”写成中国乃至世界的缩影一样。

……

真情实感，发自肺腑，感人至深，催人泪下。

其实，不光是那些名人或成功者，可以讲述自己的坎坷历程或痛苦经历，我们每个人都经历过一些深刻的事情，只要它是有意义的，你大可以讲出来，与听众分享你的心酸故事，只要你讲得好，他们一定会被你感动和鼓舞，那么你的演讲，可以说就很成功了。

激情呼告，让演讲气势排山倒海

呼告是在行文中直呼文中的人或物的一种修辞方式。也就是对本来不在面前的人或物直接呼唤，并且跟他说话。一般可把它分为呼人、呼物两种形式。演讲中运用呼告，可以抒发演讲者强烈的思想感情，加强感染力，并引起听众强烈的感情共鸣。

《我有一个梦想》是马丁·路德·金在林肯纪念堂发表的著名演讲，对美国甚至世界影响都很大，我们一起来欣赏和学习一下。

今天，我高兴地同大家一起参加这次将成为我国历史上为争取自由而举行的最伟大的示威集会。

100年前，一位伟大的美国人——今天我们就站在他的雕像前——签署了《解放黑奴宣言》。这项重要法令的颁布，对于千百万灼烤于非正义残焰中的黑奴，犹如带来希望之光的硕大灯塔，恰似结束漫漫长夜禁锢的欢畅黎明。

然而100年后的今天，我们必须正视黑人还没有得到自由这一悲惨的事实。100年后的今天，在种族隔离的镣铐和种族歧视的枷锁下，黑人的生活备受压榨。100年后的今天，黑人仍生活在物质充裕的海洋中一个穷困的孤岛上。100年后的今天，黑人仍然蜷缩在美国社会的角落里，并且意识到自己是故土家园中的流亡者。今天我们在这里集会，就是要把这种骇人听闻的情况公诸世人。

就某种意义而言，今天我们是为了要求兑现诺言而汇集到我们国家的首都来的。我们共和国的缔造者草拟宪法和独立宣言的气壮山河的词句时，曾向每一个美国人许下了诺言，他们承诺所有人——不论是白人还是黑人——都享有不可让渡的生存权、自由权和追求幸福权。

就有色公民而论，美国显然没有实践她的诺言。美国没有履行这项神圣的义务，只是给黑人开了一张空头支票，支票上盖着“资金不足”的戳子后便退了回来。但是我们不相信正义的银行已经破产，我们不相信，在这个国家巨大的机会之库里已没有足够的储备。因此今天我们要求将支票兑现——这张支票将给予我们宝贵的自由和正义保障。

我们来到这个圣地也是为了提醒美国，现在是非常急迫的时刻。现在绝非奢谈冷静下来或服用渐进主义的镇静剂的时候。现在是实现民主的诺言的时候。现在是从种族隔离的荒凉阴暗的深谷攀登种族平等的光明大道的时候，现在是向上帝所有的儿女开放机会之门的时候，现在是把我们的国家从种族不平等的流沙中拯救出来，置于兄弟情谊的磐石上的时候。

如果美国忽视时间的迫切性和低估黑人的决心，那么，这对美国来说，将是致命伤。自由和平等的爽朗秋天如不到来，黑人义愤填膺的酷暑就不会过去。1963年并不意味着斗争的结束，而是开始。有人希望，黑人只要撒撒气就会满足；如果国家安之若素，毫无反应，这些人必会大失所望的。黑人得不到公民的基本权利，美国就不可能有安宁或平静，正义的光明的一天不到来，叛乱的旋风就将继续动摇这个国家的基础。

但是对于等候在正义之宫门口的心急如焚的人们，有些话我是必须说的。在争取合法地位的过程中，我们不要采取错误的做法。我们不要为了满足对自由的渴望而抱着敌对和仇恨之杯痛饮。我们斗争时必须永远举止得体，纪律严明。我们不能容许我们的具有崭新内容的抗议蜕变为暴力行动。我们要不断地升华到以精神力量对付物质力量的崇高境界中去。

现在黑人社会充满着了不起的新的战斗精神，但是不能因此而不信任所有的白人。因为我们的许多白人兄弟已经认识到，他们的命运与我们的命运是紧密相连的，他们今天参加游行集会就是明证。他们的自由与我们的自由是息息相关的。我们不能单独行动。

当我们行动时，我们必须保证向前进。我们不能倒退。现在有人问热心民权运动的人，“你们什么时候才能满足？”

只要黑人仍然遭受警察难以形容的野蛮迫害，我们就绝不会满足。

只要我们在外奔波而疲乏的身躯不能在公路旁的汽车旅馆和城里的旅馆找到住宿之所，我们就绝不会满足。

只要黑人的基本活动范围只是从少数民族聚居的小贫民区转移到大贫民区，我们就绝不会满足。

只要我们的孩子被“仅限白人”的标语剥夺自我和尊严，我们就绝不会满足。

只要密西西比州仍然有一个黑人不能参加选举，只要纽约有一个黑人认为他投票无济于事，我们就绝不会满足。

不！我们现在并不满足，我们将来也不满足，除非正义和公正犹如江海之波涛，汹涌澎湃，滚滚而来。

我并非没有注意到，参加今天集会的人中，有些受尽苦难和折磨，有些刚刚走出窄小的牢房，有些由于寻求自由，曾在居住地惨遭疯狂迫害的打击，并在警察暴行的旋风中摇摇欲坠。你们是人为痛苦的长期受难者。坚持下去吧，要坚决相信，忍受不应得的痛苦是一种赎罪。

让我们回到密西西比去，回到亚拉巴马去，回到南卡罗来纳去，回到佐治亚去，回到路易斯安那去，回到我们北方城市中的贫民区和少数民族居住区去，要心中有数，这种状况是能够也必将改变的。

我们不要陷入绝望而不可自拔。朋友们，今天我对你们说，在此时此刻，我们虽然遭受种种困难和挫折，我仍然有一个梦想，这个梦想深深扎根于美国的梦想之中。

我梦想有一天，这个国家会站立起来，真正实现其信条的真谛：“我们认为真理是不言而喻，人人生而平等。”

我梦想有一天，在佐治亚的红山上，昔日奴隶的儿子将能够和昔日奴隶主的儿子坐在一起，共叙兄弟情谊。

我梦想有一天，甚至连密西西比州这个正义匿迹，压迫成风，如同沙漠般的地方，也将变成自由和正义的绿洲。

我梦想有一天，我的四个孩子将在一个不是以他们的肤色，而是以他们的品格优劣来评价他们的国度里生活。

今天，我有一个梦想。我梦想有一天，亚拉巴马州能够有所转变，尽管该州州长现在仍然满口异议，反对联邦法令，但有朝一日，那里的黑人男孩和女孩将能与白人男孩和女孩情同骨肉，携手并进。

今天，我有一个梦想。

我梦想有一天，幽谷上升，高山下降；坎坷曲折之路成坦途，圣光披露，满照人间。

这就是我们的希望。我怀着这种信念回到南方。有了这个信念，我们将能从绝望之岭劈出一块希望之石。有了这个信念，我们将能把这个国家刺耳的争吵声，改变成为一支洋溢手足之情的优美交响曲。

有了这个信念，我们将能一起工作，一起祈祷，一起斗争，一起坐牢，一起维护自由；因为我们知道，终有一天，我们是会自由的。

在自由到来的那一天，上帝的所有儿女们将以新的含义高唱这支歌："我的祖国，美丽的自由之乡，我为您歌唱。您是父辈逝去的地方，您是最初移民的骄傲，让自由之声响彻每个山岗。"

如果美国要成为一个伟大的国家，这个梦想必须实现！

让自由之声从新罕布什尔州的巍峨的崇山峻岭响起来！

让自由之声从纽约州的崇山峻岭响起来！

让自由之声从宾夕法尼亚州的阿勒格尼山响起来！

让自由之声从科罗拉多州冰雪覆盖的落基山响起来！

让自由之声从加利福尼亚州蜿蜒的群峰响起来！

不仅如此，还要让自由之声从佐治亚州的石岭响起来！

让自由之声从田纳西州的瞭望山响起来！

让自由之声从密西西比的每一座丘陵响起来！

让自由之声从每一片山坡响起来！

当我们让自由之声响起，让自由之声从每一个大小村庄、每一个州和每一个城市响起来时，我们将能够加速这一天的到来，那时，上帝的所有儿女，黑人和白人，犹太教徒和非犹太教徒，耶稣教徒和天主教徒，都将手携手，合唱一首古老的黑人灵歌：

"自由啦！自由啦！感谢全能上帝，我们终于自由啦！"

在这场演讲中，马丁·路德·金运用了大量的呼告、排比等手法，使自己的思想得到了更充分的表达，主题非常鲜明，有着排山倒海般的气势，极大地强化了演讲的感染力和表达效果。

此外，在这篇演讲词中，几乎每一段都有大量形象的比喻，比如，用"物质充裕的海洋中一个穷困的孤岛"和"故土家园中的流亡者"等来比喻美国黑人的生存现状及内心深处的渴望，这些华丽的词句、典雅的语言，更是为演讲锦上添花。

以反诘升华语意，引发听众心灵震撼

反诘，有反问的意思，但又不同于反问，它有追问、责问的意味。反诘是用疑问的形式表达确定的意思，以加强语气。

演讲中，反诘也是一种常用手法，高明的演讲者往往会就某一点或某一个问题进行深入剖析，利用反诘来澄清思维，利用反诘来深化主题，利用反诘来让演讲出彩，或利用反诘来扭转局面。

好的反诘会让听众有醍醐灌顶、茅塞顿开之感，往往能让演讲向纵深发展，或起到解决症点、顺利过渡的作用，但失败的反诘也常常让人莫名其妙不知所谓，或搬起石头砸自己的脚，或让听众心生反感，使演讲陷于被动。所以各位在使用反诘时，请务必谨慎把握，合理利用反诘句式来达到理想的演讲效果。

不知道大家有没有看过《教育的意义》这篇演讲，看似普通的选题，却被各大权威媒体、网络大 V 纷纷转发，很快便火爆了整个网络，众人纷纷点赞评价“发人深省！”“震撼！”

这位演讲者叫董仲蠡，是一名英语培训师。我们一起来看看她的精彩演说：

我培训的学员少说也有 15 万，我曾经教过考研全市第一的学生，每年通过听我课而通过四六级的人数那是不计其数，同学们都很信任我、爱戴我，叫我小董老师，我自己也特别喜欢这个称谓。

然而，作为一名老师，我有的时候总有一些困惑。我讲的大多都是考试类的课程，大学英语四六级、考研英语，等等，有一次，我在讲四六级翻译的时候，讲到林语堂先生如何翻译贾岛的“松下问童子，言师采药去”；讲到许渊冲先生如何翻译李清照的“寻寻觅觅，冷冷清清，凄凄惨惨戚戚”；讲到王佐良先生把SamuelUllman的《青春》翻译成“年岁有加，并非垂老，理想丢弃，方坠暮年”时，我不禁手舞足蹈，作为老师的自豪感爆棚。

然而，就在这个时候，底下有一个女生，直接质问我说：“你讲这个东西有什么用啊？能提分吗？你就是在浪费我们的时间。”我自认也算伶牙俐齿，但是，在那一刻，我竟无言以对。

是啊！她说得对，没用，不能提分。

但是，亲爱的同学，我并没有在浪费你的时间，因为刚刚那一刻，我不是在教你怎么考试，我是在做教育。

作为一名老师、一名教育工作者，我希望我在课堂上所传授的不仅仅是实用的知识，因为如果单纯只是拼知识、拼记忆，我们已经输了。

人工智能，聪明过人；

网络信息，知识过人；

电脑反应，敏捷过人。

我们现在已经听到了有的家长有这样的言论，说：“你看，现在这个语文历史，网上信息都有，都能查得到，根本就不用背，数学物理呢，有人工智能，根本也不用算，翻译软件越来越高级，外语也根本不用学，教育，还有啥用？”

是啊！教育，它到底还有啥用？

网上前段时间流行过一个段子，说啊，我们之所以要多读书，多受教育，就是因为——

当看到湖面上，有一群鸟飞过的时候，我们能吟诵出："落霞与孤鹜齐飞，秋水共长天一色。"

而不是在那吵吵："我去，全都是鸟。"

当我们去戈壁旅游，骑着骏马奔腾之时，心中默念着："大漠孤烟直，长河落日圆。"

而不是在那喊："哎呀，妈呀！全是沙子，快回去吧！"

当然这是一种调侃，但是，不自觉间，就道出了教育的核心含义。

教育，不仅仅是传授给人以知识，更能提高个人的修为，增强我们对于生命的感悟力，从而更好地认知自己，并且不断地提升自己。我认为这是教育的核心目的，也是指引我们前行的希望的明灯。

其实，不仅仅是同学们，就我们老师也是一样的，因为追逐名利而失去了自我，也开始变得浮躁，考试前我们押题、我们预测，考试过后，我们又牵强地说，我们押中了多少题，有多少同学因为自己的学习之后，提高了多少分，营造出了一种老师高明、学生高超、家长高兴的其乐融融的假象。

当年，我对研究考试技巧，那也是乐此不疲：

"选项怎么选？

同学们记好：

三长一短选一短，

三短一长选一长，

齐头并进选 2B，

参差不齐选 4D，

对不对？”

同学们特别地买账，奉我为什么“考神”、偶像、人生导师。

慢慢地，

他们开始问我一些跟学习不直接相关的内容：

“老师，我不太想工作，那个，我看同学们都去考研了，要不我也去考个研？”

“老师，我爸想让我出国，我妈有点担心，我自己也有点害怕，老师你说我是出国还是不出国？”

“老师，我本科学的是经济，硕士学的是环境工程，你说我毕业之后，应该做什么样的工作？”

“老师，我以后应该做什么？”

这种迷茫已经成为了一种普遍的现象，我们教了十几年，学生学了十几年，我们竟然不知道自己要做什么。

西方的先贤们，早就提出过，哲学的三大终极问题：我从哪儿来？我是谁？我要去哪儿？我们之所以不知道我们要做什么，就是因为我们不知道自己是谁。而这，是教育的巨大缺失与悲哀。

自古强大的民族，都是重视教育的民族。

我们的国家，我们的民族更是如此，我们中国被称为文明古国，经千年颠沛而魂魄不散，历万种灾厄而总能重生，就是因为我们重视教育，我们尊师重道。

早在我们文化的源起，对于教育的执念，即便在最困苦的岁月、最艰难的日子里，总有人不抛弃，总有人把教育重新拾起、擦拭，奉还于我们的神坛。

曾经，我们说，读书无用，才学与财富不成正比，造就了这个社会浮躁的状态。然而，什么都可以浮躁，唯独教育不可以！

教育是什么？

教育是社会良心的底线，是人类灵魂的净土，是立国之本、强国之基。

教育有啥用？

教育就是帮助我们个人认知自己，帮助这个民族认知自己，我们才有可能掌握个人的命运，并且创造这个国家的未来。

我们作为教育者，作为受教育者，要始终谨记，教育、读书的终极目的：为天地立心，为生民立命，为往圣继绝学，为万世开太平。

所以下一次，我在讲课的时候，我还会在课程的规定时间之内，教给同学们答题的方法和技巧。

但是，我会多讲五分钟。

我多讲五分钟的林语堂；

多讲五分钟的许渊冲；

多讲五分钟的王佐良。

请别再问我，这有啥用？

这五分钟，我不教你考试，

请允许我做一次教育！

这里，由于演讲者抓住一些普遍的社会现象，又连续使用了反诘句式，因此产生了很强的震撼力，振聋发聩地引起了听众的共鸣，唤起了听众心灵的反省，营造出一种促人自省的气氛来。

需要提醒大家的是，反诘句往往带有强烈的感情因素，所以使用时，注意不要用居高临下，或自以为是，或颐指气使的口吻去谴责什么，而要像小董老师那样，“提醒”人们扪心自问即可。

面对不同类型听众，如何让众口不难调

中国有句老话，叫众口难调，在演讲中，这是一个非常突出的问题。

你可能口才不错，也选定了一个非常好的主题，为了让听众有绝佳的体验，也准备了好几个引爆点。

但是，你可能忽略了一个问题——你的听众林林总总，身份地位、文化学历、生活层次各有不同，有些人听你的演讲能够引起共鸣，有人则觉得索然无味。而你，要怎样应对听众不同的口味？

——你必须要有取舍，因为演讲无法照顾到每一位听众。

举例说明一下：

比如做信息传递类演讲，如课堂授课，群众动员大会，火车、飞机上的乘客安全知识普及等，我们应该选择的是——低阶顺应，即，保证全场程度最低的人都能够听得明白，理解得了。

又比如，在竞争类演讲中，比如“群面”，竞职演讲、演讲比赛，我们的选择则应该是——权利顺应，即重点吸引全场最有决定权的人的注意力，努力使自己的演讲得到他（她）的肯定。

再比如，如果是为了使自己赢得大多数人的认同，或者使自己的观点得到大多数人认可，如政治竞选演讲，现场推销演讲等，我们就需要选

择——多数顺应，即摸清大多数听众的心里想法，并使演讲投其所好。

在这方面，培养出历史级别演讲家苏秦、张仪的不世出奇才鬼谷子，给我们提供了非常重要的参考建议，他说：

与贵者言，依于势；与富者言，依于高；

与贫者言，依于利；与贱者言，依于谦。

什么意思呢？就是说你去给别人“安利”一些东西，你在演讲时，必须根据不同人物的身份以及相应的心理特点，采用不同的话术。

比如你向领导阐述自己的观点，你要不卑不亢，气势首先不能虚，如果你自己都说得支支吾吾，“可能……大概……也许”这样，你自己心里都没底，别人怎么相信你？

其次你要讲趋势。比如你向公司高层建议产品推广方案，你可以跟他们讲自媒体的发展趋势以及商业价值，讲它娱乐性质背后的营销机会。虽然大佬们比你有权、有钱、有地位，但你讲的是趋势，他们也会愿意洗耳恭听。

为什么呢？因为趋势对他们来说，就是效益。

给低收入人群做演讲，你最好的主题就是——你的想法和建议能够给他带来什么样的直接收入。

比如你向农民伯伯推广自己的种子、化肥、农药，你最好简单明了地告诉他们，使用了你的产品，可以使粮食增产多少，能够多收入多少钱，讲得可以直白一点，不要那么文绉绉。

如果给地位比你低的人演讲，你要将自己的姿态放低，这样才能和他们拉近心理距离。

比如你作为企业的 HR 负责人，去校园做校招，你上来就对同学们报职位、讲经历，炫耀自己的资历，这种居高临下的开场效果肯定不会好。

这种情况，有套路的演讲者会首先跟听众套近乎，讲一些他们喜欢听、愿意听、接地气的东西。

有位演讲者去江苏某农业大学做演讲，互动时有个学生说他是盐城农村来的，演讲者马上接道：“你不会和杨超越一样，也是全村人的希望吧？”现场的学生瞬间爆笑，气氛简直不要太好。

在我们的演讲中，听众虽然处于客体地位，但他们并不是被动的“接收器”，如果你的演讲无法让他们产生兴趣，他们完全可以对你嗤之以鼻。因此，演讲者想要自己的演讲达到预期效果，就必须在了解听众的基础上，抓住他们的心理特点，触发听众的兴奋点和参与感。

CHAPTER 06

控场：运用逻辑话术，让听众心悦诚服

要改变一个人的思想、观点，可以说是这个世界上最困难的事情之一，然而演讲者又不得不克服这个棘手的问题。尤其当你的演讲主题有可能引起争议时，你必须找准恰当的解决途径。

演讲中最忌讳的是，强词夺理

我们说某某演讲者会说话，讲得好，更多的是他的演讲有说服力，能够抓住问题的关键恰当地表达出来，能够把听众的注意力吸引过来并得到认同。而有些演讲者虽然滔滔不绝，但是言之无物或强词夺理，只能用不知所云来形容。

现实中有很多能说会道的名人，在演讲失利时仍死守自己的堡垒，因而惨败的情形不乏其例。

比如，在美国福特总统和卡特共同参加的为总统选举而举办的第一次电视辩论上，福特对《纽约日报》记者马克斯·佛朗关于波兰问题的质问，作了“波兰并未受苏联控制”的回答，并说“苏联强权控制东欧的事实并不存在”。此发言有明显的失误，当即就遭到记者们的反驳。但反驳之初马克斯·佛朗的语气还比较委婉，意在给福特以修正的机会。他说：“问这一件事我觉得很抱歉，但是您的意思难道在肯定苏联没把东欧化为其附庸国吗？换言之，苏联没有凭军事力量压制东欧各国！”

假如说当时福特明智的话，就应当承认自己的失言并偃旗息鼓，然而他觉得身为一国总统，面对着全国的电视观众认输，绝非善策，于是继续坚持，一错再错，结果为那次即将到手的选举付出了沉重的代价。刊登这次电视辩论会的所有专栏、社论都纷纷对福特的失策作了报道，他们惊问：

“他是真正的傻瓜呢，还是像只驴子一样的顽固不化？”

卡特也乘机把这个问题再三提出，闹得天翻地覆。

大多明智的演讲家在受到听众质疑的时候，他们或轻轻鼓掌，或点头微笑，决不强词夺理。这样一来，听众就弄不清你葫芦里到底卖的是什么药。有一部分人从某方面作了理解，认为这是他们服从真理的良好风范；还有一部分人从另一方面来理解，又认为这是他们不屑辩解的豁达胸怀。而到底他们认输与否还是一个未知的谜底。这样的演讲家即使要说也能说得很巧妙，他们会向听众笑道：“你讲得棒极了！”

能言善道的人让人敬服，强词夺理的人只会遭人鄙视。演讲中我们一定要谨记：能说不是多说，更不是强说。如果说话能改变结果，那么能言善道和强词夺理会导致两种截然相反的结果。

说服，需要一步一步深入人心

有一次，卡耐基突然同时接到两家研习机构的演讲邀请函，一时之间，他无法决定接受哪家的邀请。但在分别和两位负责人洽谈过后，他选择了后者。

在电话中，第一家机构的邀请者是这样讲述的：

“请先生不吝赐教，为本公司传授说话的技巧给中小企业管理者。由于我不太清楚您所演讲的内容为何，就请您自行斟酌吧。人数大概不超过100人……万事拜托了！”

卡耐基认为，这位邀请者说话时平淡无力，缺乏热忱。给人的感觉，便是一副为工作而工作的态度，让人感受不到丝毫的热情，也给他留下相当不好的印象。

此外，对方既没明确地提示卡耐基应该做什么、要做到什么程度，也没有清楚交代听讲人数，教他如何决定演讲内容呢？对此，卡耐基自然没有什么好感。

而另一家机构的邀请者，则对卡耐基做了一个短小但令他好感倍增的精致演讲：

“恳请先生不吝赐教，传授一些增强中小管理者说话技巧的诀窍。与会的对象都是拥有50名左右员工的企业管理者，预定听讲人数为70人。因为深深体悟到心意相通的时代离我们越来越遥远，部属看上司脸色办事的传统陋习早已行不通。因此，此次恳请先生莅临演讲的主要目的，是希望让所有与会研习者明白，不用语言清楚地表达出自己想法的人，是无法成为优秀的管理人才。希望演讲时间能控制在两个钟头左右，内容锁定在：一、学习说话技巧的必要性；二、掌握说话技巧的好处；三、说话技巧的学习方法这三个方面，希望能带给大家一次别开生面的演讲。万事拜托了！”

卡耐基可以感觉到这家机构的邀请者明快干练、信心十足，完全将他的热情毫无保留地传达给了自己。更重要的是，对方在他还没有提出问题的情况下，就解答了所有的疑问。因此，在卡耐基的脑海里立刻浮现出自己置身讲台的情景，并且很快就能够想象出参加者的表情，以及自己该讲述的内容等等。

有句话叫“没有对比就没有伤害”，这两位邀请者谁的讲述更容易让人动容，一比就比出来了。

显而易见，在演讲中说服别人，是需要一定技巧的，其中最重要的一点就是，说服的步骤性。

第一步，吸引听众的注意和兴趣

为了让听众能够听自己讲下去，演讲者首先应将听众的注意力集中到自己的话题上，让他愿意并且有兴趣往下听。换而言之，演讲时，我们一定要设置一个精彩的开场，关于这一点，笔者在前文已经做过详细讲解，大家可以根据自己的演讲内容和场合，设置一个最好的。

第二步，明确表达自己的思想

明白、清楚的表达能力是成功说服中不可缺少的要素，听众能否轻轻松松倾听你的想法、计划与建议，取决于你如何巧妙运用你的语言技巧。

为了让自己的描述更加生动，我们需要引用一些比喻、举例来加深听众印象。适当引用比喻和实例能使人产生具体的印象；能让抽象晦涩的道理变得简单易懂；甚至使你的主题变成更明确或为人熟知的事物。如此一来，就能够顺利地让听众在脑海里产生鲜明的印象。

另外，说话速度的快慢、声音的大小、语调的高低、停顿的长短、口齿的清晰度等都不能忽视。除了语言外，你同时也必须以适当的表情、肢体语言来辅助。

第三步，晓之以理，动之以情

将听众的注意力和兴趣点全部引爆以后，再顺势动之以情，或晓之以理，或诱之以利，告诉他们“倘若按我讲的去做，你的人生将收获……”不断刺激他们的欲望，直到他们跃跃欲试为止。

要做好这一步，具有一定的难度，它要求演讲者在说服前必须准确掌握听众心理——他在想什么？他惯用的行为模式是什么？现在他想要做什么？……等等。你只有明白听众的心理活动，才能牵引听众与你亦步亦趋。

第四步，提示具体做法

在前面的准备工作做好之后，我们就应该告诉听众要如何付诸行动了。你必须让听众明了，他应该做什么、做到何种程度最好等等。到了这一步，听众往往就会很痛快地按照你的提示去做了。

言简意赅，字字珠玑，直击心底

“言不在多，达意则灵。”无论在什么场合，讲话要语不厌精，字字珠玑，简练有力，使人不减兴味。冗词赘语，唠唠叨叨，不得要领，必令听众生厌。

语言简洁是最经济的语言手段，输出最大的信息量。在演讲中，简洁的语言常常能比繁杂冗长的话题更吸引人。它体现出演讲者分析问题的快捷和深刻，是其认识能力和思维能力高超的表现；它能使听众在较短的时间内获得较多的有用信息，有助于我们博得听众的好感；它是演讲者果敢、决断的性格表现。这一语言风格也是时代风貌的反映，现代化社会节奏快、时间观念强，说话简洁的人会给听众一种生气勃勃的现代人的感觉，尤其为人推崇。所以我们要努力培养自己的简洁精练的言语风格。

此外，演讲时，我们的语言一定要通俗、易懂，如果不顾及听众的接受能力，使用文绉绉、艰涩难懂的语言，往往既不亲切，又使听众难以接受，结果事与愿违。

事实上，不少演讲大师惜语如金，言简意赅，留下珍贵的篇章，成为“善辩者寡言”的典型。

最短的总统就职演说，首推1793年华盛顿的演说，仅135个字。他说：

同胞们：

我再度奉人民之召执行总统职务。只要适当时机一到，我将会尽力表现出我心中对这份殊荣及美利坚人民对我的信任所怀有的崇高的感受。

宪法规定总统在执行公务之前，需先行宣誓就职。现在我在你们面前宣誓：

在我执掌政府期间，若企图或故意触犯法律，除承受宪法惩罚外，还接受在现在这个庄严的仪式上所有见证人的严厉谴责。

简单的几句话涵盖了权力的来源、权力的限制、权力的监督，还有民众的批评权利，可以说字字珠玑。

1984年7月17日，37岁的法国新总理洛朗·法比尤斯发表的演说，更是短得出奇，演讲词只有两句：“新政府的任务是国家现代化，团结法国人民。为此要求大家保持平静和表现出决心，谢谢大家。”

林肯著名的葛底斯堡演说只有几百字，他的演讲重点突出，一气呵成：

87年前，我们的先辈们在这个大陆上创立了一个新国家，它孕育于自由之中，奉行一切人生来平等的原则。现在我们正从事一场伟大的内战，以考验这个国家，或者任何一个孕育于自由和奉行上述原则的国家是否能够长久存在下去。我们在这场战争中的一个伟大战场上集会。烈士们为使这个国家能够生存下去而献出了自己的生命，我们来到这里，是要把这个战场的一部分奉献给他们作为最后安息之所。我们这样做是完全应该而且是非常恰当的。

但是，从更广泛的意义上来说，这块土地我们不能够奉献，不能够圣化，不能够神化。那些曾在这里战斗过的勇士们，活着的和去世的，已经把这块土地圣化了，这远不是我们微薄的力量所能增减的。我们今天在这里所说的话，全世界不大会注意，也不会长久地记住，但勇士们在这里所做过的事，全世界却永远不会忘记。毋宁说，倒是我们这些还活着的人，应该在这里把自己奉献于勇士们已经如此崇高地向前推进但尚未完成的事业。倒是我们应该在这里把自己奉献于仍然留在我们面前的伟大任务——我们要从这些光荣的死者身上汲取更多的献身精神，来完成他们已经完全彻底为之献身的事业；我们要在这里下定最大的决心，不让这些死者白白牺牲；我们要使国家在上帝福佑下得到自由的新生，要使这个民有、民治、民享的政府永世长存。

这场演讲，被称为美国历史上最伟大的演说之一，它名垂青史，声震寰宇。然而，这场演讲，林肯总统从上台到下台还不到 3 分钟。当时报纸评论说：这篇短小精悍的演说是无价之宝，感情深厚，思想集中，措辞精练，字字句句都很朴实、优雅，行文完美无疵，完全出乎人们的意料。

让演讲产生实效的“魔术公式”

任何当众讲话，不论自己知道与否，一定都有着 4 种主要目标中的一个。这些目标是哪些呢?

（1）说服或获取行动。

（2）说明情况。

（3）增强印象，使人信服。

（4）欢娱人们。

卡耐基曾分别在芝加哥、洛杉矶和纽约举行会议，向所有的老师请教。他们当中有许多人是在名牌大学演说系执教的。还有一些人，在事业经营上占据着举足轻重的地位。另有些人，则来自正在快速扩展的广告促销界。卡耐基希望结合这些背景和智慧，得出演讲结构的新方法——一个合理的、能反映出时代所需要的、合乎心理学的方法，以影响听众，让他们采取行动。

苍天不负苦心人。从这些讨论当中，终于产生了演讲建构的“魔术公式”。

这个“魔术公式”就是：一开始讲，便把你的实例细节告诉听众，让这件事生动地说明你希望传达给听众了解的意念。

第一，以详细清晰的言辞说出你的论点；

第二，陈述缘由，也就是向听众强调，他们如依你所言去做，会有什么好处。

这个公式，非常适合如今快步调的生活方式。听众皆由忙碌的人们组成，他们希望讲演者以率直的语言，一针见血地说出要说的话。他们乐于消化的、蒸浓了的新闻报道，使他们不必转弯抹角便能直接获得事实。而演讲者利用这个“魔术公式”，可以确定必能引起听众注意，并可将焦点对准自己言语中的重点。它能避免啰唆无趣的开场白。

这套“魔术公式”也可运用于写商业书信和对员工及属下作指示。母亲可以利用它来激发孩子，而孩子们也会发现借助它向父母要求事情很灵。你会发觉它是一把心理利器，在每日生活当中，你也可以用它把自己的意念传达给别人。

“魔术公式”看上去很简单，但需要我们实践出真知，多注意我们身边发生的故事，使我们在演讲时更好地来阐述自己的观点，达到我们的演讲目的。

语言形象生动，才能感染听众

作家李准曾说：“没有几下绝招，难得当个作家！我的看家本事是：三句话叫人落泪，三分钟过戏，把读者的心放在我手心里揉，叫他噙着眼泪还得笑！”

时逢“常香玉舞台生涯五十周年庆祝会”，文艺界名流齐来祝贺。专好插科打诨的电影导演谢添一把拉住李准说：“李准，我想当众试试你！你说三句话，能让常香玉哭一场，我才服你！”

作家李准皱了皱眉头，看看众人，摊摊手为难地对常香玉说：“香玉，你看看老谢！今天是你大喜的日子，他偏偏让你哭，这不是难为人吗？”

常香玉说：“你今天能让我哭，算你真有本事！”

谢添说：“或者签字认输也行！”

李准仍旧为难地说道：“香玉，我能有今天的成就，是多么的来之不易，论起来，你还是我的救命恩人呢！我十几岁那年，眼看逃荒的难民群到了西安，眼看着大家都快要饿死了，这时忽然有人喊：大唱家常香玉发饭了，河南人都去吃吧！瞬时，人们哗一下子都涌了过去！当时，我手捧着粥，泪往心里流。心想，日后见了这位救命恩人，我一定要给她叩个头！哪想到‘文化大革命’中，你被押在大卡车上游街，让你‘坐飞机’！我站在一边，心里又在流泪，我真想喊一句，让我替替她吧，她是俺的救命恩人哪——”

“老李！你……别说了！”

常香玉猛然打断李准的话，捂住脸，转过身，满脸泪水滚下来，把手绢打湿了。

大厅里没有一点声息。众人望着李准，沉浸在他讲的故事里，忘记了这里在打赌，连电影导演谢添也轻轻吸了一下鼻子……李准能说哭常香玉，靠的除了真挚的感情，再就是形象生动的语言描述功底。有了这样的说话本事，自然更容易让别人接受你。

形象生动的语言把无形变成有形，把抽象变成具体，把枯燥变成生动，大大吸引了听众的注意力。形象化的语言让听众的视觉、听觉、嗅觉、味觉都一起参加接收活动，大大增强了语言的感染力。最终，听众为你所说服。

想把语言变得形象生动，演讲者需要做到如下几点：

（1）选用有色彩、有形象的语词。色彩词与形象词可将听觉形象转化为视觉形象，而视觉形象留给人的印象往往比听觉形象留下的印象更深刻。

（2）运用各种修辞手法，如比喻、拟人、夸张等。这些修辞手法可以用浅显通俗的事物或道理来说明比较复杂、抽象的事物或深奥难懂的道理。

（3）要注意寓理于事，将深刻的道理寓于具体事实之中。那种干巴巴的说教，往往使听众乏味。演讲者要善于运用生动典型的事例阐明事理，增强语言的魅力。

引诱听众步入“信任陷阱”

想要听众跟着你的节奏走，就必须取得他们的信任。

高明的演讲者一开口就能让听众对他产生信任感，无论他们说什么，听众都会觉得“是这个道理”。所以，我们必须着重塑造自己可信赖的形象，把话真正说到听众的心坎里去。

有位教师在当地教育系统先进工作者评比的演讲中，说了这样一段话：

从学校毕业以后，我已经在讲台上站了 8 个年头。

我们是职业中学，学生的整体素质相较于重点高中要略差一些。每每我看到自己的学生因为懵懂而显得浅薄，因为幼稚而显得可笑，我就会一次次地提醒自己：×× 看到了吗，你的责任有多重。

从教这些年，我曾被学生气哭很多次，我的自行车不知道被学生放了多少次气，我也知道自己被无数学生粗暴地诅咒过……但这一切并没有让我忘记初心，我没有因为微薄的工资抱怨，没有因为工作的辛苦和委屈退缩，我并不是圣人，只是跟孩子们相处久了，我实在无法想象，如果因为我的一丝懈怠，导致他们迷失、堕落，我的灵魂会有多么自责。

这位演讲者所提及的事情，很多教育工作者可能都经历过，他把它们整理出来，结合自己的教学经历来讲，一下子就激起了同行们的切身感受，从而大大强化了演讲的情感效应。信任感由此产生。

提高可信度的另一个方法，是与听众站在同一个立场上。

演讲者通过强调对于同一问题的共识，与听众建立共同立场，听众的注意力由此被吸引，进而提高演讲的可信度。

某家大公司的 HR 负责人，在说服被“外贬”的职员方面很有一套，可以让他们心甘情愿听从企业安排，并且心服口服。

首先，他把这些被下调的职员叫到一起，慢慢地和他们交谈，先让他们尽量说出心中想说的不满，等大家的不良情绪发泄得差不多的时候，才适时说出“你们的心情我很理解”，单靠这一句话，许多人便会做出松了一口气的表情。之后，他再接上这样的话：

我要是你们的话，会把这当作一次机会！分公司没有总部这样复杂的人际关系，而且你们到了那里都是佼佼者，如果可以不遗余力地发挥才能，你们将得到更多的机会。事实上，我，还有吴副总、张总监，当初都是从分公司成长起来的。

这个HR负责人的说服法，实际上也可说是相当于妥协的“不直接手法”。运用这种方法，演讲者不直接说出自己的意见，让听众尽情道出自己心中的不满和烦恼，如果他们知道自己的情绪能够被接纳的话，心中的迷惑便会逐渐消解，因为感觉对方站在了与自己同样的立场，便会产生信任心理。

观赏电视上的“烦恼协谈节目”可以发现，几乎百分之百的协谈者都把“如果是我的话”挂嘴上。比如一口气听完因离婚问题而苦恼的求助者的现状后，协谈者会说“如果我是你的话，会再忍耐一段时间”，求助者之所以毫无理由地信服了这句话，无非是因为听到“如果我是你”之后，产生了“这个人完全站在我的立场为我设想”的错觉罢了。

一旦陷入这种心理陷阱，对于后面的建议，即使对自己不利，听众也会认为“他是为我好”，愿意洗耳恭听。

以你情深，换回听众意动

充满真情、以情暖人是演讲打动人心的重要因素，是赢得听众的重要所在，具有极其神妙的功能。

当年，小洛克菲勒还是科罗拉多州一个不起眼的人物，美国工业史上发生了最激烈的罢工运动，并且持续达两年之久。愤怒的矿工要求科罗拉多燃料钢铁公司提高薪水，小洛克菲勒正负责管理这家公司。由于群情激愤，公司的财产遭受破坏，军队前来镇压，因而造成流血事件，不少罢工工人被射杀。

那时的情况，可以说是民怨沸腾。小洛克菲勒后来却赢得了罢工者的信服，他是怎么做到的呢?

小洛克菲勒花了好几个星期结交朋友，并向罢工者代表发表了一次充满真情的演说。那次的演说可称之不朽，它不但平息了众怒，还为他自己赢得了不少赞誉。演说的内容是这样的：

这是我一生当中最值得纪念的日子，因为这是我第一次有幸能和员工代表朋友们见面，还有公司行政人员和管理人员。

我真的很高兴能够站在这里，有生之年都不会忘记这次聚会。如果说这次聚会提早两个星期举行的话，那么对你们而言，我仅仅是一个陌生人，而我也只认得少数的几张面孔。

不过从上个星期开始，我有机会拜访了整个南区矿场的营地，私下与大部分的代表交谈过，我拜访过你们的家庭，与你们的家人见过面，因而现在我不算是陌生人，我们其实是朋友。

基于这份互助的友谊，我很高兴有这个机会和大家讨论我们的共同利益——由于这个会议是由资方和员工代表所组成，承蒙你们的好意，我得以坐在这里。虽然我并非股东或员工，但我深觉与你们关系密切。从某种意义上说，我也是资方和员工的共同朋友。

多么出色的一番以情感人的演讲，这可能是化敌为友最佳的艺术表现形式之一。如果小洛克菲勒采用的是另一种方法，与矿工们争得面红耳赤，用不堪入耳的话骂他们，或用话暗示错在他们，用各种理由证明矿工的不是，你想结果如何？可能只会招惹更多怨愤和暴行。

让听众觉得，这观点是他自己的

谁都希望改变他人的思想，假如你想影响他人接受你的思想方式，最好的办法就是让他人觉得这个想法是他自己的。因为每个人对于自己发现的思想，比他人提出的更有信心。

所以当我们有一个很好的想法时，不要急于去证明它的正确性。假如可以低调地将它融入听众的观点中并提出，收到的效果要好于急切的争论。

北卡罗来纳州王山市的艾琳娜是一家纺纱工厂的工业工程督导，她很会处理一些敏感的问题。

她职责的一部分，是设计及保持各种激励员工的办法和标准，以使作业员能够生产出更多的纱线，从而使她们同时能赚到更多的钱。

在只生产两三种不同纱线的时候，所用的办法还很不错，但是最近公司扩大产品项目和生产量，以便生产 12 种以上不同种类的纱线，原来的办法便不能以作业员的工作量而给予她们合理报酬，因此也就不能激励她们增加生产量。

艾琳娜已经设计出一个新的方案，能够根据每一个作业员在任何一段时间里所生产出来的纱线的等级，给予她们适当的报酬。设计出这套新方案之后，她参加了一个会议，决心要向厂里的高管们证明这个办法是正确的。

艾琳娜上来就说，工厂过去使用的方法是错误的，并一一指出他们的制度漏洞，以及她为他们所准备的解决办法。但是，这导致了严重的失败。她只是忙于为新办法辩解，而没有留下余地，让高管们被直接打脸。

那么，谁会在这种情况下承认错误？于是这个建议胎死腹中。

之后，艾琳娜认真反思了自己，并请求召开另一次会议。在这次会议之中，艾琳娜请高管们开放讨论——问题到底出在了什么地方。然后大家一起讨论每一要点，并请高管们说出最好的解决办法。在适当的时候，艾琳娜会以低调的建议，引导高管们按照她的意思把办法提出来。等到会议结束的时候，高管们非常高兴地找到了问题的解决方法，实际上，这个方法就是艾琳娜最早提出的那个。

艾琳娜成功地让高管们赞同了自己的意见。这成功并不是来自她急切的争辩，而是在于她将这些想法巧妙地变成了别人的想法。

每个人都希望别人重视自己、关注自己，我们应当让听众的想法得到重视，这对我们来说会有好处的。

演讲中，让我们谦虚地对待周围的一切，鼓励听众畅谈自己的想法，而我们不要喋喋不休地强行说服。

迂回表达建议，偷偷左右听众情绪

对于演讲者来说，听众一般分为三种：支持者、中立者和反对者。

我们需要做的是，巩固支持者，争取中立者，再不遗余力地说服反对者。

毫无疑问，演讲者面临的真正挑战，就在最后一类听众身上，因此我们必须使出浑身解数，设法让这些听众的观点动摇，直至放弃，最后站到我们这边来。

但是，要改变一个人的立场，那是相当困难的。大多情况下，每个人都对自己的观点深信不疑，并且拥有近乎固执的情感根基。就像那些溺爱孩子的父母，不管自己的孩子有多少缺点，他们都会觉得，自己的孩子是最好的。

如果你直截了当毫不留情地攻击别人的“孩子”不好，你想想会是什么后果？不骂你就说明人家的素质非常高了。他们不但不会动摇自己的观点，而且会迅速将自己全副武装起来，就像保护自己的孩子一样，把自己的观点抱得更紧。

关于这一点，你完全不用怀疑。

对于这个问题，詹姆士·哈威·鲁滨逊教授在《思想的酝酿》一书中，做了非常“深入人心”的讲解：

“有时我们会发现，当我们处在一种毫无抵抗、情绪毫不激动的状态下，我们会改变自己的心思。但是，在改变后的情况下，如果有人说我们做错了什么，我们就会很厌恶这种批评，无论如何都不肯同意对方。

在信仰形成过程中，我们不会刻意留心什么现象，但是一旦出现有人表示与我们的信仰不同时，我们就会对自己的信仰产生偏激的狂爱，很明显，我们所维护的并不是理念本身，而是与我们发生分歧的信仰理念伤害到了我们的自尊……”

所以，想要说服听众改变立场，和你统一观点，你着实需要采取一些有用的策略。

有一位中学教师，接任了一个后进班的班主任工作，开学第一天，学校安排各年级学生进行校园卫生大清理劳动。上午的时候还好，这个班的学生还能按照学校的安排去做。可下午天气热了起来，他们就都躲到阴凉处去了，老师气得直说他们懒惰，这下好了，他们直接不搭理老师了，任老师千呼万唤，也不出来。

后来这个老师想了一个迂回策略，他和学生蹲到一起，开始了自己的策略演说：

“对不起，请大家原谅我的一时失言，我知道你们不是怕干活，你们是怕热对吧。”

学生们当然不愿意承认自己懒，便七嘴八舌地附和老师说，确实是因为天气太热了。

老师顺着同学们的话继续说：“我也觉得这天气太热了，不适合进行大量劳动，这样吧，等太阳再偏西一点，等天气不那么热了，我们再一起干活，现在大家痛痛快快地玩一会儿！”

同学们一听，高兴极了，老师为了巩固战果，又买了冰淇淋给大家解暑，现在，老师的东西都吃了，学生们还好意思耍赖皮么？

就这样，老师利用自己的一番巧妙演说，顺利地说服了学生，等气温降下一些，大家就开始有说有笑地劳动了。

不管一个人多么坚定地想和演讲者对抗，当他听到自己想听到的语言，他就变得容易动摇了。

作为一名演讲者，演讲前，你必须对自己的听众进行充分分析，根据现场的实际情况，针对那些对你持有疑虑、摇摆不定，尤其是反对你意见的听众，采取有效策略，做到有的放矢。

当然，你必须客观地面对反对意见，不要因为听众与你意见不同，劈头盖脸就迎头痛击。

每个人都有着自己一系列的观点与看法，它支撑着人的自信，是人们思考的结果。无论是谁，遭到别人直言不讳的反对，尤其是当受到激烈言辞的迎头痛击时，都会产生敌意，导致不快、反感、厌恶乃至愤怒和仇恨。这时，我们会感到，气窜两肋，肝火上升，血管暴涨，心跳加快，全身处于一种高度紧张状态，时刻准备做出反击。实际上，这种生理反应正是心理反应的外化，是人类最本能的自我保护机制的反映。

迂回地表达你的建议，可避免直接的冲撞，减少摩擦，使听众更愿意考虑你的观点，而不被情绪所左右。这样，他们才有可能接受你的建议。

退一步以守为攻，听众更愿听从

演讲时，特别是当你的观点处于不利的境地，为了达到说服听众的目的，你不妨先有意识地退一步，肯定听众的观点有其合理性，然后在获得听众信任的基础上再寻找机会，通过摆事实、讲道理等方法巧妙地提出你的观点，变退为进，化守为攻，从而最终有力地说服听众。

罗斯福做纽约州州长的时候，完成了一项特殊事业。他与其他政治首脑们感情并不好，但他却能推行他们最不喜欢的改革。

他是如何做的呢？

当有重要位置需要补缺的时候，罗斯福请政治首脑们推荐。

“最初，”罗斯福说，“他们会推荐一个能力很差的人选，一个根本不能胜任这个位置的人。

我就告诉他们，任命这样一个人，我不能算是一个好的政治家，因为公众不会同意。

然后，他们向我提出另一个工作不主动的候选人，是来混差事的那种人。这个人工作没有失误，但也不会有什么很好的政绩，我就告诉他们，这个人也不能满足公众的期望，我请他们看看，能不能找到一个更适合这个位置的人。

他们的第三个提议是一个差不多够格的人，但也不十分合适。

于是我感谢他们，请他们再试一次。他们这时就提出了我自己选中的那个人。我对他们的帮助表示感谢，然后我说就任命这个人吧。我让他们得到了推荐人选的功劳……我请他们帮我做这些事，为的是使他们愉快，现在轮到他们使我愉快了。”

他们真的这样做了。他们赞成各种改革，如公民服役案、免税案等，这使罗斯福工作愉快。

在这个故事中，罗斯福并没有直接说出自己的意思，而是顺着对方的意图，晓以利害，这样就使他们不自觉地改变了当初的想法或做法，而正好让当事人达到了目的。所以说，这其实是一种高明的策划手段，既达到目的，又不露痕迹。

在演讲中要达到说服听众的目的，就要抓住人性的特点，摸透人们的心理，几乎每个人都喜欢别人按照自己的意图行事，我们应该学会顺应人们这种心理，既让对方满意，又达到了自己的目的，何乐而不为呢？

让听众觉得，你是真心为他着想

要使听众对你的演讲心服口服，你在演讲时就一定不要强行违背听众意愿，使用逼迫，甚至是威胁手段，迫使听众接受你的观点。演讲者应该牢记，只有你的观点真正做到引起听众情感共鸣，他们才会真正接受你的观点。

“二战”期间，美国因参战亟需增加兵力，但多数美国青年惯于安逸，担心性命有失，拒绝响应政府号召。为此，俄亥俄州地方行政长官已被参谋长联席会议主席当众痛训了5次。

他为自己辩解说：“我已经想尽一切办法，说得口干舌燥，但那些懦弱的青年就是不肯应征！”正当他焦头烂额之际，有人向他介绍了一位出色的演讲家。

这位演讲家略做准备，便信心十足地来到募兵现场。他先是沉默了5分钟，然后用浑厚的男中音对台下嘈杂的青年说道：

“亲爱的孩子们，我与你们一样，非常珍惜自己的生命。”

青年们见他颇有学者之风，说话又中肯，便逐渐安静下来。

“是的，热爱生命是无罪的，因为，我们每个人只有一次生命。凭良心说，我同样反对战争、害怕死亡，如果要我去前线，我也会与大家一样，希望能够逃避这项命令。但是，我也存在另外一种侥幸心理——假如我服兵役，可能只有一半的概率会上前线作战，因为也有可能会留在后方；即使上了前线，我作战的可能性同样也只有一半，因为或许我会成为某长官的左右手而留在安全地区；万一我不幸必须扛起枪，受伤的可能性仍然只有一半；即使不幸挂彩，如只是轻伤也不致受到死神的召唤，因此，我实在没有担忧的理由；如果是重伤，或许在医生的帮助下我依然能够保住性命；就算真的运气不好，我不幸为国捐躯，亲人和朋友也将为我感到骄傲，我的父母不但会受颁一枚最高勋章，还可得到一笔数量可观的抚恤金和保险金，邻居小孩子们会以我为英雄，把我当成偶像来崇拜。而我，一位伟大的战士也进入天堂，来到慈祥的天父身边，说不定还会见到万人敬仰的华盛顿将军。”

演讲家话音一落，原本安静的募兵现场又嘈杂起来，青年们纷纷表示愿意赌上一把，他们或许是想名垂千古，或许是家境不好，想着万一出事还可以给家人留下一笔巨额抚恤金……

演讲时，我们应该竭尽全力使自己的观点吸引听众，激发或者诱导他去同意你，而不是刺激他们更加反对你的愿望。

听众接受你的观点，是因为他觉得你的观点对他有意义、有帮助、有价值。他觉得你尊重了他的观点，并且真心实意为他着想，他才会与你产生情感共鸣，自然而然也就愿意去接受你的观点。

摆清利弊关系，无需更多话语

大凡高明的演讲者，往往都善于抓住听众的心理要害，权衡利弊“下狠话”，其演讲的形式不拘一格，常能出人意表，让人不得不服。

采用这种方式，演讲者一开始就应以郑重其事的态度，向听众剖析清楚利害关系，以引起听众的警觉，使其迫不及待地想听下去，从而增强演讲的实际效果。

希尔顿在建造达拉斯希尔顿饭店时，这个饭店的建筑费用要 100 万美元，而他当时并没有这么多钱，所以开工后不久，就没有钱买材料和交付工钱了。

希尔顿想了一个奇招，他决定去拜访地产商，也就是卖地皮给他的那个公司。

希尔顿对该公司的董事们开门见山地说：“朋友们，我没有钱盖那房子了。”

“那就停工吧。”对方毫不在意地说，“等有钱时再盖。”

“我的房子这样停工不建，受损失的可不是我一个人。”希尔顿故意顿了一下，才接着说，“事实上，你们的损失将比我还要大。”

“你胡扯什么？”董事们眼睛瞪得像铃铛，不相信自己耳朵似的，“你这话是什么意思？”

“很简单。如果我的房子停工了，你们在附近的那些地皮价格一定会大受影响，如果我再宣扬一下，希尔顿饭店停工不盖，是想另选地址，你们的地皮就更不值钱了。”

“怎么，你想要挟我们。”

“没有人要挟你们，我只是就事论事。”

“可是，你是没有钱才……”

“没有人知道我会没钱。”

“我们会告诉大家的。”

“没有人会相信，我现在已拥有好几个饭店，规模虽都不算大，但名声却不坏。相信我的人一定比相信你们的人多。同时我做的生意交际广，认识的人也比你们多。”

这番话使董事们动容了，说话的气势小多了：“咱们无怨无仇，你何苦跟我们过不去。”

“为了希尔顿饭店的名誉，我不得不出此下策。”希尔顿的态度也变得很委婉，“我总不能让大家知道我穷得连盖房子的钱都没有吧。”

“可是，你绝不能为了你自己把我们也给害了。”

希尔顿故意皱着眉头，沉思一会儿后说：“我倒是有个两全其美的办法，不知道大家愿不愿意听？”

“什么办法？”董事们异口同声

“你们出钱把饭店盖好，我再花钱买你们的。”董事们张嘴欲言，希尔顿用手势止住他们，接着说：“大家别急，听我把话说完。你们出钱盖房子，我当然不会亏待你们，就等于是你们盖房子卖。最主要的是，饭店的房子不停工，你们附近那些地皮的价格就会上扬。我如果再想个办法宣传宣传，你们的地皮不是价钱更好了吗？”

虽然这是希尔顿耍的手段，但实情也确是如此，无奈之下，董事们只好答应了他的条件。

一年后，达拉斯希尔顿饭店开张了。这是一家新型大饭店，也是希尔顿饭店进入现代化的一个起点。

希尔顿让地产商按照他的设想把房子盖好，然后又让地产商以分期付款的方式卖给他。这种事听起来似乎根本不可能，但事实上，只要抓住了听众的心理要害，即使让他们干一些暂时牺牲自己利益的事，他们也会按你的意思办的。

当然，使用这种方式有个规矩，就是你不要心怀恶意。

事实上，只有你真正相信自己的观点对听众有益时，你才能真正说服你的听众，除非你的感情是正直真挚的，否则你也不可能说服你的听众。

巧妙运用类比，让说理更加有力

演讲中，如果我们能适当运用类比，可以使内容更加形象生动，说理更加有力，也就是说，设置和运用好类比，对拓展演讲的空间无疑具有重要意义。

那么，什么叫类比？就是把大众陌生的事物与熟悉的事物、把大众未知的东西与已知的东西的相同相似之处，进行比较，通过这种方式使人们获得启发和解决问题的方法。

类比常被运用于解释新的理论和定义，它具有“帮助听众发现”的作用——当一个新的理论被提出来，演说者需要通过类比，用听众已熟悉的理论去说明新理论的定义。

C·K·戴卫森在任内政助理秘书时，曾发表了题目为《更强劲电力的需要》的演讲。在这个演讲中，他就运用了类比来支持论点的技巧。

“繁荣的经济必须不断向前迈进，否则就会陷入紊乱。这好比飞机在地面停息时，只是一堆无用的螺钉螺帽的组合。可是一旦飞入空中，它就如鱼得水，发挥它的有效功能了。飞机为了要停留在空中，就必须不断地前进。如果不前进，它不能后退，只能下降。”

林肯在艰难的南北战争期间，为回答批评他的人，做了一次演讲，在演讲中也运用了类比的手法。这个类比，恐怕是演讲史上最杰出的类比了：

“各位先生，我想让各位来做一番假设。假设你所有的财产都是黄金，你把它交到著名的走索家帕罗丁手中，让他从绳索上带过尼亚拉加瀑布去。当他走在瀑布上时，你会不会摇动绳索，或是不断地对他喊：‘再俯低些！帕罗丁，走快些！’相信谁都不会这样做。你肯定会屏住呼吸，肃立一边，直到他安全地过去。现在美国政府就是这种情况。它正背负着极大的重量，越过狂涛汹涌的海洋，它手中有数不尽的财宝，请不要打扰它，只有我们都保持安静，它才能安然渡过。”

类比在演讲中的运用很常见也很广泛，将它们总结起来，可以看出，类比的使用方式主要有以下几种形式：

（1）常规类比

常规类比，顾名思义，就是选用比较常规、听众熟知的事物做类比。

例：在一次为边远地区学生筹集助学资金和物品的动员会上，一个演讲者指着窗外的小树说：

“大家一起看看窗外的这些小树，它们枝叶舒展、姿态挺拔，面朝阳光，天天向上，它们的美丽和健康，是肥沃的土壤、雨露和阳光、辛劳的工匠共同塑造的结果。可如果把它们移植到戈壁上，它们会怎样？它们将没有机会长大成材，它们会早早地枯萎，无法给这个世界带来一丝清凉。

现在，在我们国家的土地上，在我们看不到的某些地方，有很多学龄儿童，他们聪明、活泼、美丽、漂亮，他们的双眼充满对知识的渴望，但因为贫困，他们就像失去肥沃土壤，失去雨露阳光的小树一样，不能汲取知识的营养，不能茁壮健康地成长，无法学到更好的技能并为祖国发热发光……而我们，难道忍心看着他们被生活硬生生折断翅膀？”

上面这位演讲者运用的就是常规类比，选用生活中常见的事物做类比，如果能紧扣演讲主题和内容，听众相对来说更易于接受，因此这种类比方式在演讲中应用也比较广泛。

不过，常规类比的缺陷在于，因为类比物听众过于熟悉，所以难以给人创造耳目一新的感觉，带给听众的震撼力往往不够。

（2）神似类比

特定而神似的类比，是演讲者将情感寄托于身边某种特定事物而做出的类比演说。这种类比并不具有广泛意义，有一定的随机性，但它很适合表达感情。

某企业的开工会议上，总经理在讲话中向全体员工表达了深深的敬意，他选择了自己佩戴多年的手表做类比物，他说：

“这块手表我戴了很多年，它是世界著名品牌，它造型美观、性能良好，品质卓绝，它记录着我人生和事业的每一分每一秒。它是我督促自己紧迫、提醒自己管理时间、高效处理工作的好助手，它的价值难以用金钱衡量，更无法通过语言来表达。

在座的各位同事，我们彼此共事多年，我们彼此朝夕相伴，我们风雨同舟、苦乐共享。我深深地感到，你们和我的这块手表一样，你们品质卓绝，你们亲历了公司这些年每一分每一秒的艰辛和辉煌，你们也是世界著名品牌！

多年来，你们表现出了无与伦比的职业素养，你们在各自的岗位上挥发出了强大的能量，是你们使公司在业内拥有了前所未有的声望，你们就是公司最强壮有力的臂膀。你们的贡献我一言难尽，你们的功绩我无以言表，我为你们感到荣耀，我因你们感到自豪……我向你们致以最真挚、最郑重的感谢和敬意！”

这位演讲者使用的类比物显然不具有广泛意义，手表和员工也不具备明显的形似性。但这个类比物被演讲者寄托了很深的情怀，演讲者非常准确地挖掘出了手表与员工的神似性，做了特定的类比。这种类比的优点在于，它可以发挥出常规类比所没有的个性化色彩效果，在演讲中是个很不错的选择。

（3）奇妙类比

有些演讲者在演讲中，使用的类比物和本体事物似乎风马牛不相及，看上去并不符合人们对事物的普遍认知，感觉与演讲主题有些格格不入，但，效果很好。

美国新泽西州亨特顿郡的生活和教育幸福指数非常高，艾伦一家正是因此才搬到这里。但该郡新上任的教育官员想要推行特色教育，并因此辞退了当地一些多年从教的老教师。

艾伦对此非常不满，打电话给当地教育系统主管部门，要求政府重新聘用教师。一位教育官员告诉他，两天后教育部门要举行一次关于这些教师去留问题的听辩会，他如果愿意，可以作为社区代表到会发言。

艾伦精心准备了一番，准时到场，演讲时，他选择用自己的鞋子做类比物，他说：

“我的鞋子对我的重要性不言而喻。购买它，是我非常明智的一次投资。它专为普通人走路而制作，它穿起来很舒服，它给予我的双脚非常好的保护……这双鞋让我更加确定，将那些可敬的教师聘请回来才是正确的事！

就像我购买这双鞋一样，我真心认为，返聘教师将是一次非常明智的投资，因为这些教师都是拥有多年从教经验的高素质人才，高素质教师的聘用，意味着我们的孩子将受到高素质教育！

就像这双鞋让我感到很舒适一样，这些教师同样会让孩子感到很舒适，因为多年来的从教口碑告诉我们，这些教师很负责也很亲切，孩子和他们拥有非常好的感情基础。

就像这双鞋保护着我的双脚一样，这些教师时刻保护着我们的孩子，保护他们不被无知蒙蔽，保护他们不因无知堕落，保护他们不因无知受到社会的歧视。

另外，正像这双鞋专为普通人走路而制作一样，在从教生涯中，这些教师每时每刻都在把我们这些普通人的孩子引向正路，教他们扎扎实实、安安稳稳地走好人生的每一步，而现在，有些人却要把他们弃如敝履……

最后，我想说一句，今晚，当诸位脱掉鞋子的时候，请想起这些教师。”

很显然，鞋子和教师是属性差别很大的事物，鞋子的特点和作用和教师的工作特质，看上去八竿子打不着，但鞋子与教师通过内在联系，确实是可以相通的。艾伦正是抓住了这一点，运用这种看似风马牛不相及，实则具有奇妙联系的两件事物做类比，给听众带来了深刻的触动感，并给听众以不同寻常的启迪。

这种类比法的运用空间非常广阔，就看演讲者是否善于发现了。

数据，就是最直观的证据

统计数字的主要价值在于，它能够使演讲者的观点具备数字化的准确性，这在我们努力论证一个问题时尤其重要。

一般来说，故事、事例，可以使演讲内容更加形象、清晰，更具有触动人心的效果，但是，听众仍有可能会质疑，这种情况下，再用统计数字说明就很有说服力了。

一位主管，认为纽约人生活态度懒散，因为不立即去接听电话，造成大量的时间损失。为了证明自己的观点，他在工作会议上说：

“在 6 个月中，每 100 个通话中，有 7 个显示，要超过一分钟的耽搁，接话人才拿起话筒。在这方面，每天共有 28 万分钟的损失。在 6 个月中，纽约人耽搁的时间，差不多等于自哥伦布发现美洲以来的所有营业时间。”

在这个例子中，演讲者把统计数字和我们熟悉的事物放在一起进行比较，收到了加强印象的效果。

统计数字是用来显示某种情况统计计算的结果的，因此，它们能给听众留下深刻的印象，并且极具说服力。尤其是它有证据的效应，这是孤立的事件所不可比拟的。

然而，数字本身是很让人厌烦的，所以使用时要明智而审慎。

我们生活在数字的世界里，我们每天所见、所闻与所思的一切，几乎没有不涉及数字的。基于此，我们对数字或多或少均产生麻木或厌烦感觉。其实，这样的感觉是很自然的，因为数字只是代表事实的一种符号，而非事实本身。在演讲时运用数字，希望你能留意下面两个要领：

（1）除非必要，否则不要随便提出数字。你抛出的数字过多，不但令对方感到纳闷而关闭心扉，而且也会令听众觉得你没人情味，因为你所关心的只是冷漠的数字。

（2）要设法为枯燥的数字注入生命。这即是说，要让数字所代表的事实，能成为一般人生活经验中的一部分。只有这样，人们对数字才感到亲切，也才能产生兴趣。举例来说，下面的第一种数字陈述方式，若能改为第二种陈述方式，其影响力将显著加大：

①“假如各位接纳我的提议，则公司每个月至少能节省 67453750 元的开支！”

②“假如各位接纳我的提议，则公司每个月至少能节省 67453750 元的开支！从另一个角度来说，倘若这项节省下来的开支，能以加薪的方式平均分配给公司的每一名成员，则每一个人每一个月的工资将增加 3500 元！”

演讲者需要注意，在演讲中，关于数据的运用，如果只提起数字、数量本身，是不会给人留下深刻印象的，它们必须辅以实例。倘若可能，还必须加上我们自己的经验来讲述。

CHAPTER 07

救场：挽救人前失言，破解尴尬瞬间

每一场演讲，都带有很多不确定性。也许演讲者一言有失，就会造成会场秩序混乱，场面失控。但是，对演讲者而言，这也是一种机遇——演讲者在应对听众“挑战”的过程中，如果能处置得当，不但可以完美救场，还可以散发出令听众目眩心跳的智慧火花，让他们对你佩服有加。

即兴演讲的“不翻车原则”

就演讲而言，在情急之下，能够收拢自己的思想并发表谈话，要比经长时间努力准备之后才能演说，更为重要。现在的商业需要，以及现代口头沟通所具有的自在随意性，使得这种即席发言的能力不可短缺，我们要能迅速动员思想并流畅地遣词造句。

但是，要做到这一点并不容易，即兴演讲往往也是演讲者翻车最多的现场，想要自己的即兴演讲不出丑，演讲者对自己还需要做一番历练。

（1）练习即兴演讲

任何智力正常、拥有相当程度自制力的人，皆能发表一场令人接受，甚至于常常还是很精彩的即兴演讲——简言之，就是不经准备的谈话。而这种演讲完全可以通过练习达到你想要的结果。

（2）要有即兴演说的心理准备

当人们在你毫无准备的情况下请你发言时，多是期望你对某一个你能发表权威言论的题目表示一些意见。这里的问题是，我们如何决定在自己能支配的短时间里确实要谈论些什么。有个极好的方法可以使你渐能登堂窥奥，那就是心理上对这些情况先有准备。

比如，在会议当中，不断地问自己，如若现在站起来讲话，到底要讲些什么？这一次最适合讲述自己题材里的哪个方面？对于眼前的那些建议，如何措辞以表示赞同或反对？

也就是说，演讲者要在心理上随时准备着在各种场合做即兴演说。

（3）立刻进行举例

为何要这么做？有三个理由：

①你可以从苦苦思索下一句的需要中解脱出来。因为经验极容易复述，即使在即兴演讲的情况下亦然；

②你会渐渐进入演讲的状态。开始的紧张，自然飞逝无踪，使你有机会把自己的题材逐渐温热起来；

③你可以立即获得听众的注意。因为，事件——实例是立刻攫取注意力万无一失的方法。

听众凝神倾听你所列举的富于人情趣味的实例，可以使你在最迫切需要时——讲演开始后的极短时间里，让自己的能力重新获得肯定。演讲者与听众间建立的和谐关系，是一切成功演说的关键所在——没有它，真正的沟通就不可能发生。这便是力劝你以实例展开演说的原因，尤其是在人家请你说几句话时，举例是最管用的。

（4）采取适时适地的原则

如果你事先毫无准备，主持人突然请你说几句，这时最需保持平静。你可以先向主持人致意，说上两句，可以有个喘息的机会，然后便要发表与听众有密切关系的言论了。听众只对自己和自己正在做的事感兴趣，有三个来源可供你撷取意念，作为即兴演讲之用。

一是听众本身。谈论自己的听众，说说他们是谁，正在做什么，特别是对社会和人类作了什么贡献。使用一个明确的实例来证明。

二是场合。当然也可以讲讲促成这次聚会的情况缘由，是周年纪念日？是表扬大会？是年度聚会？还是同乡会？

最后，如果你注意地听讲，不妨指出，对自己之前另一位演说人所谈及的某一特殊事物特别感兴趣，然后将它扩大详述一番。

（5）切莫即兴乱说

光是不着边际地胡扯瞎说，用没有逻辑的细线将不相关而又没有神韵的事情硬凑在一起，是肯定会翻车的。你必须围绕一个中心思想，来把自己的意念合理归类。你所举的事例应与这个中心思想一致。同时再提醒一次，若能抱着至诚之心来讲演，你必然会发现自己即兴演讲，精力充沛且又效力无穷，是有准备的演讲家不能企及的。

最成功的即席演讲，都是真正的当场演讲。它们表达的是演讲者对听众和场合的感想，它们适时适地，如同手和手套般密切相合。它们是为了这个场合，而且是专为了这个场合而量身定做的。它们的成功也就在于此。它们在特殊的时刻里绽放，如罕开的玫瑰，不多时便又萎谢不见，可是听众所享受到的愉快却连绵不绝，在你尚未想到之前，他们已将你当成即兴演讲专家了。

听众来者不善，演讲者怎么办

有时你在演讲，听众突然制造一个突发事件或提出一个刁钻的问题，不知所措固然不行，试图一五一十地把问题解释清楚也不是一个好办法。这时，你最好面不改色心不跳，同时迅速做出反应，以简单而又能避其锋芒的语言化解。

在维也纳一次记者招待会上，《纽约时报》记者马克斯·弗兰克尔向基辛格提出美苏会谈的“程序性问题”。

“到时，你是打算点点滴滴地宣布呢，还是来个倾盆大雨，成批地发表协定呢？”

基辛格回答：“我打算点点滴滴地发表成批声明。”全场顿时哄然大笑。

那位记者发问的方式是选择提问，如果基辛格按照他的诱导选择其中一个来回答的话，都不算是妥当的。基辛格巧妙地使用模糊语言，机智地摆脱了尴尬的困境。

我们不可能祈求演讲以一种完美、和谐、符合逻辑的方式进行。现实中，很多演讲者都会经常遇到一些无法预料的困境，譬如说失言、恶意挑衅、被冒犯等等。

明智的做法就是不加理睬，继续你的发言。就算是下来之后，也不要辩解，因为你越是在公开场合为自己辩解，人们就会越相信那些中伤，真是越抹越黑。因为只要你一开始顶嘴，马上会丧失别人对你的同情和支持。

丘吉尔好像总是受到来自各方的恶言攻击。一次会议上，一个女议员恨恨地对他说：“如果我是你的妻子，就在你的咖啡里放上毒药。”

丘吉尔马上说：“如果我是你的丈夫，我就马上把它喝下去。”

面对无礼的冲撞，演讲者要掌握这样的应变技巧：

（1）探求出口伤人背后的原因。出言不逊的人，内心往往有许多痛苦要发泄。如果你猜不出他有什么真正的烦恼，不妨问问。记住，对方说的尖酸话不一定都是冲着你而来的，因此，不妨退一步，想想他这样做是否有其他原因。

（2）分析说话本身是否真的含有恶意，抑或是自己神经过敏。

（3）勇敢面对口出恶言者，不要回避。

（4）一笑了之，开点儿玩笑对付侮辱你的话。

（5）通过某一举动来警告对方，令他自动停止恶言攻击。

（6）不予理会，人家说什么，你不要马上动怒，可以顺着他的意思说下去，令他的话落空。

（7）假装懒得理会。人最怕别人认为他无聊讨厌，你可以假装不感兴趣，眨眨眼，打个呵欠，然后用一副“懒得理会”的表情望向别处。

（8）你不可能完全避免受到尖酸话的攻击，试着把一些伤人的话看作是人们失意时的正常发泄，而失意是人人都会有的。我们大多数人都会尽量不去侮辱人，不过偶尔也会犯错。

听众唱起反调，演讲者如何是好

在演讲中，演讲者经常会遭遇这样的挑战——部分听众对自己的观点表示不赞同，因此毫不留情地对演讲者进行反驳。如果出现这种情况，我们如何是好？

事实上，你既不可以置若罔闻，也不可以劈头盖脸加以否定，因为这些反对观点往往代表了一部分听众的看法，具有一定的普遍性，一旦处理不好，就可能造成演讲秩序失控，场面混乱不堪。所以，不要在该理性的时候太感性，而要淡定从容地应对。

唐武德九年九月的某一天，刚刚当上皇帝的李世民隆重召开领导干部表彰大会，给各位功臣加官晋爵，当面封赏。按李世民的想法，一等功臣荣誉给了长孙无忌、房玄龄、尉迟敬德、杜如晦、侯君集五人。

当宰相陈叔达当众宣布这份名单以后，李世民虚伪了一下，说："朕按自己的想法排的名次，可能并不十分妥当，诸位有什么不同意见放开了讲。"这话刚一说完，底下的大臣就嚷起来了，都说自己功劳有多大，相互鄙视，谁也不服谁，场面近乎失控。

在这帮人中，有一个声音特别洪亮刺耳，李世民的堂叔淮安王李神通当众大喊："臣举兵关西，首应义旗，今房玄龄、杜如晦等，专弄刀笔，功居臣上，臣窃不服。"

面对如此赤裸裸的反对，李世民也不尴尬，更没暴怒，而是依据事实逐条反驳：

"当年咱们举兵，叔叔虽然第一个在关中响应，但恐怕也是被逼无奈采取的自救之举吧。后来我爹让您去打窦建德，您全军覆没；再后来您跟朕一起去讨伐刘黑闼，您没和刘黑闼照面就自己先跑了。"

把李神通的"功劳"晒出来以后，李世民又开始摆事实讲道理："房玄龄、杜如晦他们，一直为朕出谋划策，称得上运筹帷幄，一点不虚汉之萧何，以功论赏，当然要放在叔叔前面。虽然您和我是血肉至亲，但朕不能做那徇私的人！"

一番慷慨陈词，现场气氛迅速得到缓和，那些争功的大臣们纷纷表示：皇上我服了！他们说："陛下至公，虽淮安王尚无所私，吾侪何敢不安其分！"

经常演讲的人，难免遇到听众唱反调的情况，此时此刻，不要与听众针锋相对，因为演讲者和听众针尖对麦芒，不论结果怎么样，都会坏了自己的形象。也就是说，一旦沉不住气，你就输了。

高明的做法应该是，客观分析问题，因势利导，随机应变，在掌控现场秩序的同时，安抚、支配听众的情绪，得到他们的认同。

听众问题刁钻，如何给出答案

演讲的问答环节如果做得好，可以为我们的演讲增分不少，它不仅可以拉近演讲者和听众的心理距离，也会让听众对演讲者印象深刻。

但是，很多演讲者恰恰最怕提问环节，因为在这个环节中，听众时常会提出一些刁钻问题，令演讲者在毫无准备的情况下，瞬间失去对现场的控制力。

这个时候，最考验演讲者的临场应变能力。

林语堂先生曾在哥伦比亚大学讲授“中国文化”课程。有一次，他在课堂上，对那些美国学生描述中国文化的美妙之处，美国学生听得心驰神往，当然，其中也有不和谐的声音。

一个美国女学生看到林语堂先生对自己的祖国赞不绝口，便刁钻地问道：“林博士，听您的意思，你们中国什么都是最好的，难道我们美国就没有一样东西比得上中国吗？”

听了女学生的提问，林语堂先生微微一笑，说道：“当然有，你们美国的抽水马桶要比中国的好。”

林语堂先生的话音一落，美国学生们哄堂大笑起来，而提问的女生瞬时窘迫得满脸通红。一场语言危机就这样被化解了。

所谓“人无笑脸莫开店，胸无度量莫为师”，听众的层次上上下下，听众的提问可能五花八门，演讲中，遇到刁钻的问题一点也不奇怪。遇到了，咱们就堂堂正正去面对，别丢了该有的风度。其实只要你掌握了恰当的方法，破解这些刁钻问题，反而会让你的演讲更出彩呢！

那么，具体到方法上，给大家分享一点经验之谈。

（1）识破对方用心，不要落入陷阱

演讲者需要注意，很多人的内心并不像外表看起来那么美丽，你的听众中也可能有人对你充满恶意。于是有人出于某种不良动机，便会试图通过问题诱导你落入他的圈套，然后利用你的错误回答大做文章。所以，对于听众的提问，你必须要会“读心”，窥破问题背后的陷阱，在此基础上，再选择正确的应对方式，千万不要让自己掉进坑里。

（2）不好回答的问题就转移话题

有些听众的问题太过刁钻或者说明显是故意捣乱，想使我们难堪，最好的应对方式就是转移话题，答非所问，不给对方抓住你话柄的机会。比如：

延迟法

“这位朋友能够提出如此独到的问题，看来一定是对此做过深入研究，你的问题提得很好，但我们这次演讲时间有限，我先把你的问题用小本本记下来，等演讲结束，我们找时间相互交流一下。”

——如果你了解这个问题，趁机捋顺一下思路，看看休息的时候怎么交流才万无一失；如果你不了解这个问题，抽时间赶紧百度一下。

把包袱还给他

“这位朋友能够提出如此独到的问题，看来一定是对此做过深入研究，你的问题提得很好，我也想听听你对这个问题的独到见解，可以给大家分享一下吗？”

——为了防止他推托，你可以再加一句：“来，大家给点热烈的掌声，邀请一下这位伙伴。”

找别人替你回答

“这位朋友能够提出如此独到的问题，看来一定是对此做过深入研究，他的问题提得很好，刚好我们有几分钟讨论时间，在我回答这个问题之前，我想先听听在座诸位的高见。那位长得像吴彦祖一样的小伙子，你先来说一说好吗？”

——其实你要邀请代答的听众，也不是随便选的，请你记住两点：

第一，你选择的人，他在你提出互动时不躲避你的眼神，那么说明这个人成竹在胸，也有想要发言的冲动。

第二，尽量邀请那些在你演讲过程中，频繁使用眼神或肢体动作与你互动的人，这样的人有很强的参与感，愿意表现自己，可以最大限度避免被邀请者沉默以对一言不发，导致演讲冷场。

其实遭遇听众的突然发难，我们的化解方法可以有很多种，这主要还看你在实战中的临场应变，但无论采取哪种方法，你必须遵守以下两个原则：

第一，别使对方太过难堪。你可以用言语反击，但要保持起码的风度和语言的技巧性，给对方留一点颜面。毕竟我们演讲的目的是为了传播自己的观点，而不是给自己结仇人。

第二，别使自己难堪。遭遇听众的刁难，千万不要因为惊慌失措而怒令智昏，不要劈头盖脸，更不要谩骂攻击，否则你在听众心目中的形象将一败涂地。

演讲遭遇侵场，应该怎样救场

在演讲过程中，突然有某种外在因素侵入现场，给演讲造成了不良影响，我们称之为侵场。

侵场事件我们无法预料同样也无法抗拒。它的发生，的确会造成听众情绪波动以及现场秩序短暂混乱。然而，既然发生了，懊恼也无用，回避更不行，演讲者必须采取积极措施进行有效控制。其实只要控制得当，侵场不仅不会搞砸演讲，反倒可能使演讲更显情节跌宕，效果也更理想。

一般来说，控制的策略主要有三种：

（1）主动适应

侵场发生时，演讲者猝不及防，无疑是处于被动地位的，但被动也可以逆转为主动，演讲者不能被突发情况所左右，而要主动去适应它。

乔布斯无疑是一位演讲大师，他为我们奉献了诸多精彩绝伦的经典演讲。

不过有一次，乔大师讲着讲着，台上的屏幕突然黑屏了。

现场一片静悄悄……接下来会发生什么？

乔布斯已经从观众看热闹的眼神和工作人员的紧张暗示中意识到发生了什么。但他就像没事人一样，按部就班地将自己的演讲全部讲完，过程流畅、一气呵成，一如既往地精彩绝伦。而他，始终没有看屏幕一眼！

当然，乔布斯如此临危不乱，离不开他平时的认真修炼。据说，乔布斯每次演讲之前，都会投入大量时间进行整体排练。所以我们看到，他口头的表述总能与大屏幕的演示做到精准同步。至于屏幕故障，对他来说完全就是小菜一碟。

（2）巧借妙用

陆放是个专业的司仪。一天，他被人请去主持婚礼，按照家乡风俗，新郎、新娘要入席吃菜用饭，然后再一桌一桌地给客人敬酒。新郎新娘在众人的簇拥下入席，来宾们也分别入席。

第一盘盛满喜糖和糕点的盘子，由一个帮忙的伙计端了上来。可是就在伙计把盘子放在桌子上的时候，只听“咔嚓”一声脆响，盘子裂开了。宾客们听到刺耳的声音，目光全都集中过来。端盘子的伙计吓了一跳，慌了神，脱口而出：“怎么是个破货？”话音落地，现场的气氛一下子尴尬起来。见此场景，经验丰富的司仪陆放灵机一动，高声说：“大喜、大喜，这叫破旧立新，‘岁岁’平安。”一句话使现场紧张的气氛重新变得欢腾起来。

陆放说的“破旧立新，岁岁平安”，如果不是之前有伙计的失手和失言，这两句话本不算特别得体的话，较真的人可能还觉得刺耳。但伙计的失误使大家都陷入了尴尬当中，这时候所有人都在想用合适的方式掩盖过去，陆放这两句，等于是替众人解了围。婚礼结束后，大家都称赞他反应快、说话得体。

（3）幽默风趣

2008 年，当时的美国总统小布什与当时的伊拉克总理马利基在巴格达一同出席记者会议。

会上，小布什说道：“我们还有很多事情需要做，这场战争没有结束。”

说时迟那时快，伊拉克记者蒙塔兹·扎伊迪“嗖”地将两只鞋朝布什飞了过去，小布什机敏地弯腰躲过，接着说：

“我能报告给大家的就是，这鞋子是10码的，”顿了一顿，他继续说，“这个意外是民主的迹象，在自由社会里，人们就是这么做的，为了吸引大家的注意力，他今天扔鞋的权利，是美国4200多名军人的鲜血及美国人民6000亿美元换来的！”

小布什灵机一动的妙语连珠，化尴尬为幽默，顺便还将功劳归结到了美国人民的头上，不仅拯救了自己的尊严，还一下子赢得了很多美国民众的心。

其实就算你准备得再好，演讲也不可能永远都是顺利的，而如何处理好演讲过程中的突发状况，最是考验演讲者的功力。并且有些演讲，正是因为演讲者镇定自若地处理好突发状况，才被称之为经典。

幽之一默，不卑不亢，化解冒犯

弗洛伊德说：“最幽默的人，是最能适应的人。”

演讲中有许多尴尬时刻，在那一瞬间，我们的尊严被人有意或无意冒犯，或者被喜欢恶作剧的听众当众将了一军。此时，有的演讲者感到颜面尽失，无地自容，恨不能找个地缝钻进去。可是有些演讲者却不以为然，他们会面不改色，从容自若地谈笑如故，将尴尬局面轻松化解。

英国前首相威尔逊，在一次演讲中，刚进行到一半时，台下突然有个捣蛋分子，高声打断了他："狗屎！垃圾！"

演讲受到干扰，不少听众纷纷把关注的目光集中在捣蛋分子身上。威尔逊情急生智，不慌不忙地说："这位先生，请少安毋躁，我马上就要讲到你提出的关于环保的问题了。"

全场不禁为他的机智反应鼓掌喝彩。威尔逊和听众的互动重新开始，而那个捣蛋分子早就没人注意了。

威尔逊这个玩笑，拉回了听众的注意力，保证了和听众的沟通正常进行，而且打断了敌人的干扰，真可以说是一石二鸟。

面对听众的冒犯，恰当地回敬对方一个幽默，能够巧妙地表明你的看法和立场，而且不至于让场面过分尴尬。同样，当别人故意找碴，妨碍你演讲时，运用幽默的力量也能够有效地处理好眼前的问题。

达尔文在一次演讲中，刚刚把主题说出来，一位风姿绰约的女士就站了起来，以戏谑的口吻问道："达尔文先生，按照您说的，人是由猴子变的？"达尔文回答："是的。"

这位美女继续戏谑道："那么我也在您的论断之列吗？"达尔文很有礼貌地回答："当然了，不过，您不是由普通猴子变的，而是由最迷人的猴子变来的。"

达尔文话音一落，全场响起了愉悦的笑声。

幽默是一种智慧的表现和心态的放松，人投身于社会中，总会遭遇无数的痛苦、悲伤以及困苦，如果你善于运用幽默的力量，能够主动地去创造幽默，那世界一定会充满了欢笑，也可以化解不少的纷争。

演讲中，面对一些听众不适当的言行，处处针锋相对，只会让矛盾越积越深，而运用幽默的力量，则能够打破紧张的局面，使自己和听众之间的对立，顷刻间烟消云散。而且凭着你的幽默风格，你还可以同听众建立起一种良好的关系，受到他们的喜爱和支持，这对你的事业来说无疑大有裨益。

调皮的自嘲，让矛盾烟消云散

自嘲可以使人在处境困难时放松自己，以巧妙的语言体面地给对方以还击，收到既缓和气氛又恰如其分的双重效果。

演讲中，调皮式的自嘲，往往可以化干戈为玉帛，使现场气氛向着良好的方向发展。这种反击方式，不是针锋相对，剑拔弩张，而是轻松谐趣，话语中透着善良、真诚和理解。言语心传，双方会意，在哈哈一笑中皆大欢喜。反击变成了逗笑，唇枪舌剑之争也就巧妙躲过。

雅典的首席执政官听说哲学家保塞尼亚斯是个能言善辩的人，于是这位首席执政官便派人把保塞尼亚斯找到贵族会议上来，并对他说："贵族会议的成员，每人都有一个问题要问你，你能用一句话来回答他们所有的问题吗？"

保塞尼亚斯不假思索地说："那要看看是什么问题。"

议员们接连不断地提出了几十个不同的问题。当问题提完后，保塞尼亚斯还是不假思索地回答："我全不知道！"

含笑谈真理，何乐而不为？这位哲学家用幽默式谦虚避免了言多必失的尴尬，避免了为自己惹上麻烦，他也用自己的一句话诠释了笑的哲学。

自嘲其实在生活中的应用非常广泛，它能在为自己化解尴尬的同时，轻松破解掉来自他人的"难题"。将自嘲运用得当，便可以敲山震虎，既守住自己的立场，又不使他人难堪。

有一次，生物学家格瓦列夫在讲课，突然，一个学生在下面学鸡叫，课堂里顿时一片哄笑。

这时，格瓦列夫却镇定自若地看了看自己的挂表，不紧不慢地说："我这只表误事了，没想到现在已是凌晨。不过请同学们相信我的话，公鸡报晓是低等动物的一种本能。"

这种"张冠李戴"的自嘲式批评，不会触伤玻璃心，又能给学生们起到了警策的作用。

有时候，演讲者会置身于这样一种尴尬的境地：听众有意或无意地伤害了你，你虽然受了气面子上还得过得去。或者，碍于你的身份、地位，不宜直截了当地予以驳斥，但心中的确又非常不满。这时，不妨先以漫不经心、自我解嘲的口吻说几句顺着对方思路的话。最后话锋一转，得出一个令对方大出意外的结论。既活跃了气氛，又缓解了尴尬局面。这种方式，一波三折，很有攻击力量，让对方措手不及，又不失自己或对方的面子。对方最后只能干笑两声了之。

萧伯纳的著名剧作《武器与人》初次演出，大获成功。应观众的热烈要求，萧伯纳来到台前谢幕。此时，却从座位里冒出一声高喊："糟透了！"整个剧场立刻鸦雀无声，空气似乎凝固了一般。

面对这种无礼的行为和紧张的局面，萧伯纳微笑着对那人鞠了一躬，彬彬有礼地说道："我的朋友，我同意你的意见。"他耸了耸肩，看了看刚才正热烈喝彩的其他观众接着说："但是，我们俩反对那么多观众又有什么用呢？"

顿时，观众中爆发出了更为热烈的掌声和喝彩声。

在这种情况下，对听众无礼的行为予以必要的回击，既是维护自己尊严的需要，也是讽刺对方批判错误的正当行为。但怒气冲冲地回击和辩论都不可取，最理想的方法是幽默地回敬。萧伯纳的话语温文尔雅，表面看来似乎是对对方表示理解，细细体味一下，则是一种强有力的反击。

自嘲作为化解自己受气局面的积极反击方式，其根本特征就是具有准确的行为界限。它的有效性就在于能够根据周围环境，预测自己的行为后果，据此确定自己反击的方式和反击的分寸，使之有礼、有节。

正话反说，驳回谬论不露声色

“正话反说”是委婉说话中常用的一种技巧，多用肯定的方式表达否定的意思。这种说话方式委婉含蓄，既可避免正面冲突，又能巧妙地表达真意，在演讲中往往能够取得意想不到的效果。

一位政治家在演讲时，遭遇了政治意见不同的听众恶意挑衅：“作为一名政治家，你代表着执政党的形象，可是听很多人说，你竟然和两个女人有过关系。你觉得这样好吗？”

顿时，现场所有听众都屏住呼吸，准备接下来吃一个大瓜。

然而，政治家并没有惊慌失措，他十分轻松地回应：“这位先生说得没错，事实上，我不止和两个女人有关系，到目前为止，和我有过关系的女人，已经有四个了！”

这是自己要给自己爆料？没想到这个瓜这么大！听众们开始骚动了。

那位政见不同的听众更加得意，大喊：“既然你自己都承认了，那你还有什么脸面在这里给我们演讲？”

政治家做了个安静的手势，然后微微一笑，说道：“在座的各位朋友，请允许我解释一下，跟我有过关系的这四个女人，一个是育我成人的母亲，一个是爱我如初的妻子，另外两个则是令我视若珍宝的宝贝女儿。是她们的陪伴和支持，让我有动力一步一步走到今天。我必须回报她们，爱她们、照顾她们，这种血浓于水的关系，不仅曾经有、现在有，将来我也要更好地维系下去！在座的各位朋友，我这样做是不是有问题？”

此话说完，那位挑衅的听众无言以对，而听众席中则响起了山呼海啸般的掌声。

在当众演讲的美好时刻，被带有政敌色彩的听众恶意攻击，政治家没有恼羞成怒，与其对喷，而是顺着对方的意思，并夸张地“抹黑”了自己一下，激发了所有人的好奇心，随即抓住时机迅速反击，将“四个女人”的答案揭晓，正本清源，一鸣惊人。一场危机被他顺利瓦解，顺便还提升了一下自己的人气，简直不要太皮！

正话反说是荒谬的“放大镜”。演讲时，在某些特定情况下，有些话绝对不允许你说出来，为了避免尴尬，不妨从其反面说起。须知真理再向前一步就可能变成谬误，反面的话稍加引申，就可能走到反面的反面。

其实这是一种常见的正话反说。演讲时，有些话不方便说出来，那么我们不妨幽默一下，让听众自己去细品你话里的意思，这样反而更能获得他们的主观认同。

忘词卡壳，应对妙招非常多

演讲中，任何突发状况都有可能发生，忘词就是其中常见的一种。忘词的原因很多，可能是因为心理素质不过硬，可能是因为精力不够投入等等，这时候千万不要紧张，要冷静，要沉着应对。

千万不要对听众说“对不起我忘了，真的很抱歉”一类的话，你的“诚实”会让你成为听众眼里的笑话，你应该不动声色地将演讲进行下去。

东北军阀张作霖有一次受军校邀请，去给学员们做演讲。张作霖心里很清楚，他要面对的这些年轻人，是“奉系”未来的储备军，所以这次演讲马虎不得。

所以张作霖一改往日粗犷之风，特别认真起来。

大家可能也都知道，张作霖小时候就读过三个月私塾，演讲这种文化人的事，对他来说确实是“我太难了”。但张作霖对此很重视。他让自己的文秘好好写份演讲稿，然后苦背一夜，就怕演讲中忘词，在自己未来的部下面前丢面子。

演讲那天，张作霖郑重其事走上讲台，站定，开始了自己“文绉绉”的讲话。可是怕什么来什么，张作霖演讲到一半，突然就——忘词了！

大概差不多有那么十来秒的安静，张作霖运了一口气，开始自己的即兴演讲。他说道：

“你们都是好小子，好小子就要好好干！将来毕业了跟着我上战场，立了功就给你们当排长，当营长，当什么长都行，但咱们要论功行赏是不是？！”

下面的学员齐声答道：“好！”喊声震天。

接着张作霖话风一变，风趣地说道：“别说当军官了，你们要是能立大功，为国家作贡献，问我要什么我给什么。但有一样例外，我老婆可不能给你们！”

话音一落，哄堂大笑，张作霖把气氛搞得不能再活跃了。军校的学生们由此认识了一个崭新的张大帅，他们觉得跟着这样的人干事业，自己心里非常有底。

所以，在演讲中突然“忘词”并不要紧，要紧的是你有没有办法应对。

其实应对“忘词”的救场方法有很多，比如说：

（1）若无其事继续讲

把自己忘掉的那部分直接跳过去，做个巧妙衔接，讲后面记得的部分。这一招很多演讲者都用过，只要你掩饰得好，听众根本察觉不到你“忘词”这件事。

（2）即兴插说

在你忘词的3.1415秒后，立即插入一段与演讲主题相关的内容，利用这“偷来”的短暂时间，迅速回忆一下自己当讲的是什么。

比如：

“我猜测，很多朋友都有过类似经历吧，来，咱们经历过的举下手……”

“大家集中精神听我讲这么久，是不是都有点累了？下面咱们做个小游戏，稍微休息一下，一起放松放松……”

“我发现今天听我演讲的男同志居多，正好后面我要讲关于‘事业与爱情’的话题，我想问问现场的男同志们，你们对于‘爱情’怎么看？”

利用这段时间，你应该可以想起忘掉的内容了吧？然后，你就可以说：“好了，互动环节结束，言归正传，接下来我要说的是……”

如果还没想起来，怎么办？

（3）加点故事

演讲前先准备几个与主题相关的小故事。当忘词卡壳又实在想不起来的时候，马上用小故事做衔接，顺延出新的话题，顺理成章地继续讲下去。

（4）让听众替你说出答案

你可以这样讲：“各位朋友，刚才我们讲了第一点……第二点……那么第三点呢？按大家的想法，第三点应该是什么？”

你把问题丢给听众，他们一般会回馈给你很多个“第三点”，也许有人真和你当初的想法一样，把你忘掉的“第三点”说出来了呢！即使没有雷同，也没关系，听众又不知道“第三点的真相”是什么，你完全可以把他们当中比较好的观点当作你的“第三点”，借花献佛，将错就错。

总之，如果你在演讲中忘了词，一定不要紧张慌乱，最好不要“承认事实”，所谓“车到山前必有路，船到桥头自然直”，演讲，只要能够沉着应对，往往都能化险为夷。

言语出错，将错就错，自圆其说

以前有个摆地摊卖瓦盆的老人，为了吸引顾客，多揽点生意，就拎着瓦盆在街边边敲边吆喝：“南来的，北往的，走过路过不要错过，瞧一瞧看一看听一听，咱这瓦盆是什么响声！”

接着就听到“咣”的一声，老人没把握好洪荒之力，瓦盆被他敲碎了。顿时，吃瓜群众们爆笑起来。老人见状也不慌，指着瓦片向众人“炫耀”：“你们看看这瓦碴子，棱是棱，角是角，多好啊！”

吃瓜群众们又爆笑了，不过这次是被老人逗笑的。

人非圣贤，孰能无过，演讲出错，太常见了。

遗漏、念错、说错话，在演讲界几乎每天都在发生，这算不上什么不可饶恕的错误，演讲者也不会因此被打入十八层地狱。但是，如果我们不能及时救场，巧妙地将错误修正过去，那对演讲而言，无疑是失败的。

其实在这方面，很多高明演讲者的成功经验都是可以借鉴的。

（1）假装什么都没发生

演讲中，当你说错话时，你首先要判断出这个错话的严重程度。

如果只是一个小小的口误，而且无关痛痒无伤大雅，对演讲主题不造成什么影响，你完全可以装作什么都没发生，而听众被你下面的精彩演讲一带动，片刻就会把这个错误给忘了。

（2）现场纠正，巧妙解释

一位演讲者的演讲题目是《在痛苦的深处微笑》，他这样讲道：“在2008年5月12日14点28分，那个沉痛的下午，四川省汶川县发生了里氏七点八级强烈地震……”

话没说完，场下就有听众打断他：“错了！错了！是八级特大地震！”这一喊，使演讲者有那么一瞬间卡了壳，但随即，他调整状态，向台下听众解释道：“这位朋友说得对，的确是里氏八级特大地震。不过在地震刚发生时，权威机构向公众公布的震级为里氏七点八级，后来经过精密测定，修正为八级。谢谢指正！”

以一个客观合理又符合现实的解释，去巧妙纠正你出现的错误，不但错误被掩盖，听众也会为你诚实客观的态度叫好。

（3）以反问的方式化解错误

当你意识到自己说错话以后，紧跟着使用一个反问句将前面的话否定，你用得好，听众根本察觉不到蛛丝马迹。

有一位企业老总，在公司年会上为自己的员工做即兴演讲，演讲的主题是《老板不是员工的主人》。结果在演讲中，他一口误，说成了“老板是可以随意掌控和支配员工的奴隶主……”话一出口，他马上意识到，自己少说了一个“不”字。

这一字之差，意思可就完全反了！这可如何是好？只见他急中生智，马上接了一句：“这难道不是许多翘尾巴老板的错误看法吗？”一个反问句，化险为夷，那个口误现场听众压根就没有听出来，你说是不是很高明？

（4）将错就错，另一种生动

演讲如果出错，演讲者千万不要让自己“卡壳”，更别被现场气氛所左右，要让自己在最短的时间内集中心思，寻找救场的灵感，实在不行，将错就错。

“马调”创始人马如飞先生在一次表演中，一不小心将“丫环移步出了房”唱成了“丫环移步出了窗”。观众瞬间就笑场了——这是要飞吗？

马如飞先生也知道唱错了，但他也不尴尬，也没慌乱，淡定从容地补了一句：“到阳台去晒衣裳。”观众一拍大腿，绝了，此处报以热烈的掌声。

谁知道马先生一个不留神，又把“六扇长窗开四扇”唱成了“六扇长窗开八扇”——您这是故意的吗？这次观众没有笑场，而是静静等着马先生如何圆场。马如飞先生还是那么淡定从容，他在心里微微一笑，继续唱道：“还有两扇未曾装。”台下顿时响起山呼海啸般的掌声。

常在河边走，哪有不湿鞋，就算是再高明的演讲大师，也有马失前蹄的时候。关键是，你能不能像那些高手一样自圆其说，把自己的场子给找回来。

如果你能用一些诙谐的方式，将错就错，把场面补救回来，演讲反而会因为你的错误更加别开生面。

这就要看你的本事了。

意外突发，借题发挥，巧妙救场

演讲时，突发状况非常多，像我们前面讲过的，诸如听众唱反调，恶意刁难、自己的失误卡壳忘词等。这些意外事件，如果我们处理不好，就会造成现场失控，演讲效果将大打折扣，所以，有经验的演讲者都会事先做好救场的准备。但还有些情况，是我们万万想不到的，这就需要演讲者运用自己的智慧临场发挥，随机应变。

一位志愿者去做关于保护动物的主题演讲，他正讲得绘声绘色，一只小麻雀突然从窗口飞了进来，在屋子里惊慌地乱飞，叽叽喳喳叫个不停，听众们忍不住大声笑了出来……显然，志愿者没法按照原定计划讲下去了，但他并没有惊慌，而是适时地幽默了一下：“这个小家伙很有灵性啊，知道我们在这里倡导保护动物，就专程飞来为我们助威。其实很多动物都是有灵性的。”

志愿者深吸了一口气，语气瞬间伤感：“不知道大家有没有听说过一只叫巴比的小狗？它是一只流浪犬，它很脏，长得也不好看，每天被人呼来喝去，很可怜。这时候，村里有一位老人注意到了它，老人请它吃了顿饭，并不是什么大鱼大肉，只是家里的一些剩饭。但就只是这一顿饭，却让巴比在心里记了一辈子。几个月后，老人不幸去世了，村里人为老人送葬，巴比一路跟着。后来，人们发现，无论是寒冷的风雪夜，还是炎热的酷暑天，巴比一直守在老人的坟墓前，无论它得到什么食物，都会带到老人的坟前吃，也许它觉得这是一种分享吧！巴比这一守就是十四年，直到它死在老人坟前。巴比死后，村民们把它葬在老人身边，人们被它的忠诚所感动，又为它建了雕像，现在，巴比的雕像成了爱丁堡的一个著名旅游景点，它所表达的意义不止是纪念，更是爱的传播。咱们中国有句古话——受人滴水之恩，当涌泉相报，这一点巴比比很多人做得都要好！”

现场的听众完全被志愿者的故事所吸引，他不动声色地就又回到了原来的演讲轨道。

麻雀的“不请自来”，扰乱了演讲秩序，这位演讲者非但没有惊慌，反而巧借“插曲”，讲起了动物报恩的故事，取得了意料之外的效果。他这一灵活应变的招法，非常值得我们借鉴和学习。

还有一种情况更加尴尬，就是在众目睽睽之下摔跟头，这么丢脸的事，我们该怎么化解？

公司年会，作为主持人的司花走上舞台时不慎被话筒线绊了一下，踉跄几步，当时大家就哄笑了起来，看司花出丑，无论对男员工还是女员工来说，都是一件“快乐”的事情。

司花的俏脸微微一红，灵机一动，紧跟着说道：“咱们公司的小哥哥小姐姐们简直太好看、太有气场了！让我这没怎么见过世面的姑娘瞬间就差点被光彩晃倒了！”

下一秒钟，掌声雷鸣，大家都觉得，咱们的司花真是才貌双全啊！

演讲中，类似的情形非常多，说不尴尬，那是不可能的。不过如果你能够经得住考验，借事发挥，把事故巧妙地延伸为美丽的故事，那么你的演讲则会更加别开生面。

恶意刁难，绵里藏针，反戈一击

大千世界，无奇不有，芸芸众生，有善有恶。

演讲中，偶尔也会出现一些带着恶意的听众，他们可能对你带有歧视、轻视，甚至是敌视。对待这样的人，我们应该怎么办？唇枪舌剑，以牙还牙，以眼还眼？不，如果可能的话，我们最好还是感化他。

美国密西西比州有一位黑人教师兼传教士琼斯即将被处以死刑。当时还是第一次世界大战期间，密西西比州流传的谣言说，德军将策动黑人政变，琼斯被判策划叛乱罪，并将被处以死刑。

当时，一群白人在教堂外听到琼斯在教堂内说：生命是一场搏斗，黑人们应拿起武器，为争取生存和成功而战。这些白人青年听到了“战斗、武器”，激动地冲入教堂，用绳索套上琼斯，把他拖到一英里外，推上绞台，燃起木柴，准备绞死他。这时有人叫道：“让他说话。”于是琼斯站在绞台上，脖子上套着绳索，开始了他的演讲。

他从爱达荷大学毕业。毕业时，有人请他加入旅馆业，有人愿出钱资助他接受音乐教育，都被他拒绝了。因为他热衷于一个理想，他受到布克·华盛顿的影响，立志去教育他贫困的同胞兄弟。于是，他前往美国南方找到了一个最落后的地方，也就是密西西比州的一个偏僻地方，把自己的手表当了，就在野外开始办学校。琼斯面对这些准备处死他的愤怒人群，诉说自己如何奋斗。为教育那些失学的孩子，想将他们训练成有用的农民、工人、厨师和管家。他也告诉这些白人，在他兴办学校的过程中，一些白人曾送他土地、木材、猪、牛、羊，还有钱，协助他完成教育工作。

当琼斯如此真诚动人的讲话，特别是他不为自己求情，只为自己的使命请求时，人们开始软化了，最后几个老人说，他们相信他说的都是真的，他是在做善事。他们应该帮助他，而不应处死他。老人们开始在人群中为他募捐，以资助给他的教育工作。

事后曾有人问琼斯，他是不是非常怨恨那些准备绞死他的人。他的回答是，他当时忙着诉说比自己更重大的事，以致无暇憎恨。琼斯兴办的学校，现在已经成为一所全美著名的学校。

当然，如果有必要，我们也可以反唇相讥，但这要讲究一定的技巧，切记，反唇相讥不是开挂骂街。

有位情感专栏的主持人，在一次演讲中，意外收到听众递上来的一张纸条，上面写了两个大字——“渣男”。这该怎么处理？

如果置之不理，大家一定会更加好奇，觉得演讲者遮掩了什么“猫腻”，递纸条的人也正好可以借机发难；如果劈头盖脸，一边反驳一边斥责，大失风度不说，还有可能越描越黑。

演讲者略一思索，决定将计就计，只见他大大方方地将纸条展示给听众看，然后笑着说：“递纸条的这位朋友很与众不同啊！别人都是提出问题，没有签名，这位听众就不一样了，他只签了名，忘了提问题。”

此言一出，笑声满堂，掌声雷动。

演讲者不徐不疾淡定从容和声悦色地让辱人者自取其辱，这种机智犀利和幽默风趣又怎会不令听众为其折服呢！

对演讲者来说，被刁难算是家常便饭，对于刁难，演讲者不宜过度反击，可运用语言技巧，巧用修辞来回答。比如：一语双关，以谬制缪、暗喻暗讽，等等，避实就虚，含蓄委婉地回他一击，既不激化矛盾，又能维护尊严，还能使演讲继续精彩地进行下去。

其实，站在演讲台上，面对突发事件，只要我们能够保持足够的冷静，只要头脑清醒，往往都可以及时想到化解尴尬的办法。演讲者务必记住一点：无论你出了什么错误，无论当时的场景有多么尴尬、难堪、窘迫，都不要自乱阵脚，因为你一乱，演讲也就乱了。

CHAPTER 08

落场：首尾呼应浑然一体，意犹未尽完美收局

如果把演讲的开场比作“爆竹”，那么落场就有如“撞钟”。古人说过：“好的结尾，有如咀嚼干果，品尝香茗，令人回味再三。”与开场一样，落场也非常重要。如果你的演讲主题鲜明，角度新颖，措辞到位，过程精彩，可是讲到最后，却被一个不怎么美妙的结尾败了笔，岂不是失败至极！

结尾总结，是一个不可或缺的环节

古语有云："靡不有初，鲜克有终。"什么意思呢？就是说，很多人可以在事情一开始的时候做得很好，但能把这种美好坚持到最后的，却寥寥无几。不少演讲者也会犯这种错误。

对于演讲而言，一个好的结尾其重要性一点也不比好的开头差。关于演讲结尾，美国著名作家沃尔夫表示："演讲最好在听众兴趣未尽时，戛然而止。"是的，演讲结尾好，就如同一部精彩电影结束时的强音，让观众意犹未尽，回味无穷；如果结尾不怎么样，这种感觉就好像吃一盘大虾，一直津津有味，等吃到最后一只的时候，竟然是个臭的！这个时候，人的整个心情都不好了，即使前面那么多大虾非常美味，这种坏感觉也难以挽回。

所以说，做好结尾，是每一位演讲者必须认真对待的事情。

在演讲中，我们为了阐述、论证自己的观点和主张，需要运用一切可以运用的手段，从各个方面进行分析和佐证。而到了收尾的时候，重点就要突出主题、强化主题，总结全篇，一方面要让听众对演讲的前情再次回顾，一方面要给听众留下完整而深刻的影响，使整个演讲结构严谨，余味无穷。

在诸多的演讲结尾方式中，总结式结尾是不可或缺的。

松下幸之助有一次在员工大会上，进行了关于公司发展原则的精彩演说，他主要说了六条，讲到结尾时，他说道：

“我已讲过的六条，其重要性略有差别。其中第一条和第二条，是公司生存发展的命脉所在，即，松下永远以质量战胜一切竞争者；松下的凝聚力高于一切。这两条将成为我们铁一样的纪律，也是我要求大家必须牢记的！”

这个结尾的效果非常好。说实际的，演讲的目的，就是为了让自己的观点被听众记住，我们演讲中所有的技巧，都是为这个目标服务的，松下幸之助的演讲结尾，对自己的核心观点进行了着重强调，对主题进行了再次强化，哪怕中途打瞌睡的人，也会记住老板给他们讲的是什么。

我们再来看看另一些精彩的概括性结尾。

莎士比亚的名著《恺撒大帝》中，伯鲁特司对市民演讲他刺死恺撒的“正义性”，结尾时他说道：

“临了，我要告诉诸君一声：因为罗马帝国，我不得不刺杀我的好友恺撒，刺死恺撒的便是我，便是这把短剑。假使他日我的行为和恺撒一般，请诸君就用这把短剑来刺我吧！要是大家的行为，也有和恺撒一样的，那么这把短剑，终是不肯饶过你的。请诸君认清这把短剑，请诸君认清卖国贼，认清爱国的好汉。”

在这里我们不谈历史问题，单说伯鲁特司的演讲，他这个结尾不过短短十几句话，却把整个演讲的意思非常好地概括了出来，而且把自己的形象塑造得非常好，不可谓之不精彩。

安德鲁·卡耐基的著名演讲《成功之路》，很多人都认为，这篇演讲最成功的地方，就在于它精彩的结尾：

“总结一下，我所说的：要志存高远；不要出入酒吧；要滴酒不沾，要喝也只在用餐时喝少许；不要投机；不要寅吃卯粮；要把公司的利益当作你自己的利益；要专注，把所有的鸡蛋放在一个篮子里，然后小心翼翼地看好它；要量入为出；最后一点，要有耐心，就像爱默生所言：‘除了你自己，没有人能真正阻止你成功。’”

以上这三个著名演讲，虽然结尾处基本都是在重复已讲过的内容，但因为强化了主题、重点和中心思想，强化了听众印象，因此，演讲者所传达的信息，最大限度地进入了听众的心灵之中。

在演讲中，总结概括是一个不可或缺的环节，这个环节可以引导听众重新整合演讲者所要传达的重要内容，可以促使听众更清晰地回忆起演讲者所讲述的知识，可以使听众更明白，演讲者希望他们做什么……总而言之，精彩的概括式结尾，一定能够帮助演讲者更好地达到演讲目的，从而使演讲者与听众皆大欢喜。

慷慨号召，将尾声推入高潮

所谓号召式结尾，就是在演讲结尾处，以极其富有感染性、鼓动性的语言，号召听众有所行动的演讲技巧。

比如，闻一多先生《最后一次演讲》，使用的结尾：

"'一二·一'是昆明的光荣，是云南人民的光荣。云南有光荣的历史，远的如护国，这不用说了，近的如'一二·一'，都属于云南人民的。我们要发扬云南光荣的历史！（听众表示接受）"

"反动派挑拨离间，卑鄙无耻，你们看见联大走了，学生放暑假了，便以为我们没有力量了吗？特务们！你们看见今天到会的一千多青年，又握起手来了，我们昆明的青年决不会让你们这样蛮横下去的！

反动派，你看见一个倒下去，可也看得见千百个继起的！

正义是杀不完的，因为真理永远存在！（鼓掌）

历史赋予昆明的任务是争取民主和平，我们昆明的青年必须完成这任务！

我们不怕死，我们有牺牲的精神！我们随时像李先生一样，前脚跨出大门，后脚就不准备再跨进大门！（长时间热烈的鼓掌）"

在这里，闻一多先生使用了一系列慷慨激昂，鼓动性极强的话语，突出了自己的演讲主题，就是要号召有识之士团结起来和敌人做斗争，为建设新中国努力奋斗。

号召式结尾，魅力独特，能够有效鼓动甚至煽动听众的执行力。

这种结尾慷慨激昂、扣人心弦，对听众的理智和情感进行感召，或是提出目标，或是发出号召，或是执行未来，能够非常有效地激起听众感情上的波澜，使听众产生一种热血澎湃或是蓬勃向上的力量。

"二战"结束后，英国首相丘吉尔前往剑桥大学做演讲。演讲内容就四个字：永不放弃。

据说，当时整个会场有上万学生，他们迫不及待地想要聆听这位伟大首相的演讲，感受这位伟大人物的风采。

丘吉尔在听众的欢呼声中，从容地走上讲台，听众渐渐安静下来，无数张兴奋、期待的年轻面孔正注视着这位将英国人民从黑暗带向光明的老人。

丘吉尔默默注视着台下听众，足足一分钟，然后，他打出“V”型手势向听众致意，会场一片静谧。又过了一分钟，他充满激情地说出四个字：

“Never，never，never，never give up！（永不放弃）”

掌声热烈响起。丘吉尔低头看了看台下听众，再次打出“V”型手势向听众致意，整个会场瞬间又安静下来。他激情澎湃且铿锵有力地又说出四个字：

“Never，never，never，never give up！（永不放弃）”

丘吉尔说完，慢慢穿上外套，戴上礼帽，听众意识到演讲已经结束。丘吉尔转身准备走下讲台，整个会场鸦雀无声，听众注视着他，期待着他再说些什么。

时间仿佛静止一样，一分钟后，丘吉尔转过身，面向听众。此时，他红光满面，双眼炯炯有神，他又开始演讲了，这次声音更加激昂：

“Never，never，never，never give up！（永不放弃）”

台下，掌声雷动，台上，丘吉尔坚毅的双眼中已然饱含泪水。

这次从头到尾只有号召的演讲，虽然只讲了相同的三句话，却成了中外演说史上的经典之作。

号召式结尾，对一些“使人相信”和“使人行动”的演讲来说，效果尤其显著。演讲者通过阐述与听众之间的共同思想、共同语言、共同利益等，使演讲达到高潮以后，再利用一些充满情感力量，富有鼓动性的措辞进行呼吁，这样，演讲者实现了引导和感召听众的目的，听众也会马上明白自己应该做什么。

收尾表心迹，强化演讲感召力

以表决心、发誓言的方式为演讲结尾，能够给人以感情饱满，态度鲜明，激情奔放之感，可以强化演讲的感召力，进一步坚定演讲者为听众灌输的信念。如下面这篇竞聘演讲稿：

“比尔·盖茨说：你眼里的一点小毛病，随着企业成长，也能成为击垮企业的致命伤。这也正是我此次演讲一直在强调的问题。

万丈高楼，崩于垒土；千里之堤，毁于蚁穴！一个企业的蓬勃发展，离不开优秀的基层管理队伍。

很明显，在各位老前辈面前，我还是一个新兵，但拿破仑那句‘不想当将军的士兵不是好士兵’激励着我斗胆一试，响应公司号召，积极参与竞聘。我想说的是：如果我在竞聘中能够侥幸胜出，我一定以最大的努力向前辈们学习，以最大的努力充实自己，为公司的基层管理工作贡献最大的能力！即便我无法竞聘成功，我仍将一如既往地努力工作，做最好的士兵，为公司奉献自己的力量。最后以一副对联来结束我的演讲，上联是：‘胜固可喜，宠辱不惊看花开’，下联是：‘败亦无悔，去留无意随云卷’，横批是‘与时俱进’”

这种结尾态度鲜明，语言真诚，充分表达了演讲者的立场和决心，会带给听众极大的震撼。

我们再来看看任正非发表的“出征·磨砺·赢未来”战前总动员，他说：

“我们错过了语音时代、数据时代，世界的战略高地我们没有占据，我们再不能错过图像时代。我们不能像过去一样，以招聘新员工培训后投入战场，等 3 ～ 5 年他们成熟的时候，这个机会窗已经半开半掩了，我们又失去了一次占领图像高地、云化时代的机会。”

华为因此短时间直接选拔了有 15 ～ 20 年研发经验的高级专家及高级干部投入战场，任正非认为，这些顶尖人才对技术深刻的理解能力，与前线将士的战场掌控能力结合在一起，一定会胜利的。

在演讲的最后时刻，任正非举起铁拳，豪情万丈：

“30 年的奋斗，我们已从幼稚走向了成熟，成熟也会使我们惰怠。只有组织充满活力，奋斗者充满一种精神，没有不胜利的可能。炮火震动着我们的心，胜利鼓舞着我们，让我们的青春无愧无悔吧！”

“春江水暖鸭先知，不破楼兰誓不还！”

壮士一去，不成不归！决心如铁，雄心万丈！任正非这篇著名演讲，感情饱满，态度鲜明，激情奔放，把听众的情绪在演讲中逐渐推向高潮，使听众的情绪在演讲结束时达到高潮，非常值得演讲者们借鉴。

结尾巧说祝福话，演讲氛围更融洽

中国有句老话："良言一句三冬暖。"绝对是至理名言，请问，谁不喜欢听好话呢?

我们在演讲中，如果能在结尾时说些"良言"，使用一些诚挚的赞颂和祝福，这个演讲无形之中就被注入了情感的力量，极易拨响听众的感情之弦，引起听众的和谐共鸣。

如，某同学教师节主题演讲的结尾，她在讲述了自己和老师之间的故事以后说道：

"老师，您是天上最亮的星，是我们在黑暗中迷失时抬眼可见的光明，因为有您，我们才没有误入歧途；

老师，您是我们的望远镜，您用您的博学多才让我们了解这个广阔无垠的世界，让我们看到这个世界的大，让我们看得更远，看得更清；

老师，您是茂盛的大树，您用您强有力的身躯呵护着我们这些未成熟的花朵儿。您从不为自己委屈，您总是默默地奉献着自己的一切，您让我们的梦想飞得更高、更远。

老师，您一直教我们为何要有追求，为何要有理想，为何要超越自己。老师，您把最美的笑容留给这精彩的世界，您是我们心中最美的神话。”

这个结尾情感真挚，字里行间流露出对老师的尊敬和热爱，对老师的歌颂与赞扬，极易引起听众的情感共鸣，使自己的演讲获得更广泛的认同。

另一方面，用祝贺或赞颂的言辞为演讲结尾，能够营造更多的欢乐气氛，使听众在愉悦的情绪中认同你的想法。

毫无疑问，赞扬和祝福的话没有人不喜欢听，赞扬和祝福也是社交场合通用的技巧和礼仪，演讲者使用此法，定然会使自己与听众的关系更融洽。但要记得，不要过分的夸张和庸俗的奉迎，否则听众会觉得你像个跳梁小丑。

抒情结尾，给演讲意犹未尽的韵味

我们先来看看下面这三个演讲结尾：

（1）“我的演讲完了，感谢大家。”

（2）“最后，让我再次感谢大家，是你们给了我这个难得的演讲机会，感谢各位评委和在座所有听众对我的支持和鼓励。谢谢大家。”

（3）“今天天气这么恶劣，大家还都来捧场，这让我心里非常感动。无论大家是否认可我的演讲，我都要向在座的各位朋友们表示深深的感谢！谢谢你们在百忙之中给予我的鼓励和支持。（说完给大家深深地鞠了一躬）”

以上内容，是三位演讲者在同一演讲会场上的结束语，虽然都是表达谢意，但第一位演讲者的话语听上去就是简单的应付，所以掌声稀稀落落；第二位的“感谢”明显比第一位真诚了许多，所以他获得的掌声也更多一些。而掌声最热烈，给听众印象最深刻的结尾，显然来自第三位，他句句含情，让听众听上去更像是发自肺腑，所以即便他下场以后，还有不少人在为他鼓掌。

真诚的说话，其诚挚的感情能够直接影响听众的情绪，关系到听众对讲话内容的接受程度。诚挚而饱含感情的结尾，能够再次缩短演讲者与听众之间的距离，使听众始终为演讲者的情感所打动，从而大大增强演讲的实效。

如下面警民联谊会上，赞美警察的演讲稿结尾：

“是的，这就是我们的人民警察。

他们总是那样地执着，他们选择的是一种维护稳定秩序的生活，他们为了守护这份职责，在危险中毫无畏惧地穿梭。

他们就是一个个高明的猎手，罪犯绞尽脑汁隐藏的罪恶，正是他们不遗余力寻找的真相；罪犯费尽心机设计的悬疑，正是他们发誓要破解的谜底。

也许在某个夜晚，罪恶又将突然上演，等待他们的，又是一场短兵相接的肉搏，而我们，只能惊心动魄。

他们却笑着说，他们有一种向往，叫天下太平；他们有一种追求，叫百姓安宁。”

这个结尾，句式优美，角度精致，吟咏赞叹，既有抒情之美，又有形式之美。

抒情式结尾，往往是演讲者在叙述典型事例和生动事理后，油然而生的、发自肺腑的感情，其效果言尽而意未尽，留有余韵，引人入胜。

结尾再来一波幽默，讲不完的欢乐

一个人的语言可以像优美的歌曲，也可以像伤人的邪火。幽默机智的话能给人以喜悦满足之感，在演讲结束时，适地适时地运用幽默，将会使演讲者与听众之间的关系更加和谐、亲切，更能使听众体味到十足的美感，给人留下深刻的印象。

布莱恩特曾经在美以美教会聚会上，向信徒们演讲著名传教士韦斯理（美以美教会的创始人）墓园的维护问题。显而易见，这是个有些沉重并且非常严肃的话题，没有人会觉得它好笑。然而，布莱恩特却运用他卓绝的语言魅力做到了这一点，并且幽默而不失体统，结束得非常平顺、漂亮。

“各位，我想他一定很高兴，你们已经开始整修他的墓园了。

毫无疑问，这个墓园应受到尊重。它的主人身心是如此圣洁，他特别讨厌任何不整洁以及不干净的事物。

我记得，他说过这样一句话：‘不可以让任何人看到一名衣衫褴褛的美以美教徒。’正因为他的出现，因此你们永远不会看到一名肮脏的美以美教徒。（听众笑了起来）

假如我们放任他的墓园不管，任由他的墓园脏乱，那无疑是对他最大的不尊敬。各位都知道吧，有一次他经过德比夏都，一位妙龄女子跑了过来，向他叫道：‘上帝祝福你，韦斯理先生。’他却说：‘小姐，假如你的脸孔与围裙更干净一点，你的祝福将更有价值。’（听众大笑）这就是他对不干净的敏感。

所以各位，我们不可以让他的墓园脏乱不堪。万一他老人家偶尔经过此地，这会比任何事情都更令他伤心。我们一定要好好照顾这个墓园，因为它的神圣性，它是我们的信仰寄托之所在。（全场欢呼）”

幽默是人生智慧的表现，可以凸显人格魅力。幽默和机智不相分离，一个有幽默感的演讲者，更显其人格魅力。

幽默风趣的结尾，是整个演讲幽默的升华，也是演讲者全部机智的总爆发，它能将演讲者所要表达的观点印章般打在听众心房上，使隽永的意蕴久久荡漾。

如果你的演讲能够做到精简、有力、切题，并且充满意义和乐趣，听众才会产生意犹未尽的感觉。而意犹未尽是所有演讲追求的极致。

有一位年轻人新近当上了董事长。上任第一天，他召集公司职员开会，他做了个简短的演讲，就三句话。

第一句，他自我介绍说：“我是图里亚夫，是你们的新董事长。”

第二句：“我生来就是个领导人物！”

第三句，话锋一转：“因为我是公司前董事长的儿子。”

参加会议的人都笑了，他自己也笑了起来。

年轻人以幽默而简短的演讲来表明，自己能以公正的态度看待自己的地位，并对之具有充满人情味的理解。实际上他委婉地表示了：正因为如此，我更要跟你们一起好好地干，让你们改变对我的看法。因而赢得听众会心一笑。

那么，我们要怎样使自己成为一个幽默的演讲者呢？简单地讲，就是说话时往往不用陈词套话，而要绕个弯子用俗语、谚语、外来语，或用比喻、比拟、反语、双关、移用等来说话。

林语堂就很风趣：“女士们、先生们：我觉得，绅士们的演讲，应该像女人们的裙子，越短越好……”

结尾加段引文，强化听众信服

通过引用格言、警句、诗词、谚语等“权威”语言为演讲结尾，言简意明，直扣主题，锦上添花，画龙点睛，使内容显得更加优美丰满，更具有哲理性和信服性。

有位演讲者在《25 岁，如何规划你的人生》演讲即将结束时，向听众提出了一个很有趣的问题：

“大家说，在一个人来到这个世界的时候，他的双手是紧握还是张开的呢？”

“紧握啊！”台下听众异口同声。

“没错！是这样的。”演讲者停顿一下，接着问，“那么，在一个人离开世界的时候，他的双手又是紧握还是张开的呢？”

这一次，台下听众的答案不统一了，有人说是张开的，有人说是紧握的，毕竟，很多人可能还没经历过生死离别。

演讲者待听众的争论平息以后，给出了自己的答案，他说：

“我曾向一个有多年临床经验的妇产科护士长请教过这个问题。护士长告诉我，每个人降生时，都是紧握双手的；而离世时，多数人是双手朝上张开，只有少数人因为某种原因，会紧握双手。我追问，这是为什么？护士长说，她也不知道。

后来我又遇到一位神学者，我向他请教，他告诉我：

每个人来到人间之前，都曾在神前握拳发誓，说一定不辜负神的恩赐，要用尽毕生，为人间奉献。所以降生之时，他们双手紧攥。

后来，很多人忘记了当初的誓言，他们浑浑噩噩直至撒手人寰，他们双手向上张开表示自己也很无奈。

有一部分人，他们完成了当初的誓言，他们此生无憾，他们双手朝下伸展，是想安息了。

还有一些人，他们希望可以重来一趟人间，完成未完的心愿，所以他们去世时再一次双手紧攥。”

讲完这个故事，演讲者等听众回味片刻，继续说道："纪伯伦告诉我们：不要因为路途遥远，而忘记了当初为什么要出发——这也是我今天送给大家的最后一句话。大家切记：早规划，才不会在遗恨中挣扎。谢谢大家！"

正如上面这个实例，如果你能适当地使用引文来结尾，既可以使演讲优美、动听，又能增强语言的哲理性，很容易引起听众的共鸣。

使用引文结尾还有一大好处，基于人们对权威普遍存在崇拜心理，恰当地引用名人名言、警句，可以把演讲格调推得更高，同时，也使演讲者的观点更有信服力。

心理学测试证明：引用权威人物的名言警句作为结束语引导听众，比一般性结尾对听众心理撞击度，可提高 22.56% ~ 38.13%。

一位演讲者在《执行力就是生命力》的演讲结尾时说道：

"亲爱的朋友们，最后，我要送给大家一句美国前总统林肯先生说过的话——'您真的想成为律师吗？真的想吗？如果您真的想，您已经成功了一半，另一半就是下定决心，但是，下定决心却是最难的。'

其实我们很多人都是这样，想法很美好，行动很糟糕。也许我们和成功之间，就差那么一点决心。能下决心，精准执行，贯穿始终，我们每个人都能成功！谢谢大家。"

这样的结尾，言尽而意犹未尽，给人以启迪，发人深思。

在演讲结尾处，恰当地结合演讲主题，借用名人的警句、告诫结尾，可以发挥名人效应，将演讲再次推向高潮，给听众留下深刻的启迪和影响。需要注意的是，你所引用的名人名言或轶事，一定要有针对性，要能丰富和深化自己演讲的主题。切不可驴唇不对马嘴。

引用式结尾还有一种比较常见的形式，就是引用诗歌，这种结尾基于以上优点，还可以使演讲显得更加典雅而富有魅力，听众也会产生清新和优雅的感觉。

英国扶轮社的哈利罗德爵士在爱丁堡大会上的演讲结尾，堪称此种结尾经典：

“当你们回家后，有些人会寄一张明信片给我，即使你们不寄给我，我也会寄给你们，而且你们马上就会知道是我寄的，因为我不会在上面贴邮票（听众笑了起来）。在明信片上，我会写下这样一些字：

季节自己来，季节又自己去。

你知道，世间一切都依时而凋谢。

但有一件却永远像露水一般绽放鲜艳，

那就是我对你们的仁慈和热爱。”

这段诗与哈利罗德爵士的演讲主题相辅相成，这个收尾把演讲带入了另一种意境。

引用诗句结尾，和引用名人名言或轶事一样，要有目的性和针对性，必须为演讲的主题服务。同时，我们引用的诗一定要短小而精湛，最好四句，最多八句，而且一定要记熟，以免紧张出错，弄巧成拙，反而影响演讲效果。

当然，虽然说引文式结尾好处很多，但也有不少演讲者使用不出这种效果，这是为什么呢？其实就三个字：没选对！

要知道，“引用”也有一定的规范和原则。

（1）应该选哲理性强的

所谓的哲理性强，其实就是听起来很深奥、很有格调、很有道理的东西。

（2）应该选抒情性强的

演讲除了要向听众“安利”你的观点，还有另一个很重要的目的，就是输送你的情感。

情感是人与人之间可以互动的前提条件，你大道理说得再通透，话里没有情感，听众听多了也烦。所以为了和听众拉近关系，使他们更容易接受你的观点，你的演讲必须情理兼备，声情并茂。这时候，诗歌的优势就显现出来了。

（3）应该选幽默性强的

在各种语言风格中，幽默从来都是非常好的选择。引用幽默式语言为演讲结尾，可以使听众在欢乐中记住你的演讲。

比如，某位演讲者在阐述坚持的重要性时，结尾处他说：

“最后，说一句我个人的感悟：朋友们，今天很残酷，明天更残酷，后天就美好，但绝大多数人都死在明天晚上，看不到后天的太阳！”

话音一落，大家马上反应过来这是马云的原话，顿时哄堂大笑，气氛好得不得了。

（4）一定要选积极的

毫无疑问，我们的演讲主题必须是积极的，那么相应而言，你引用的东西也应该是积极的。那些粗言鄙语、消极低迷的语言，非但无法为你的观点提供有效佐证，反而会大煞风景。

比如，类似下面这样的名言，它属于积极向上的，我们可以优先选用：

“每条河流都有一个梦想：奔向大海。长江、黄河都奔向了大海，方式不一样。长江劈山开路，黄河迂回曲折，轨迹不一样。但都有一种水的精神。水在奔流的过程中，如果沉淀于泥沙，就永远见不到阳光了。所以我建议大家，不管你现在的生命是怎么样的，一定要有水的精神，像水一样不断地积蓄自己的力量，不断地冲破障碍，当你发现时机不到的时候，把自己的厚度给积累起来，当有一天时机来临的时候，你就能够奔腾入海，成就自己的生命。”